Piet Boon

②

TEKST | TEXT **Joyce Huisman**
FOTOGRAFIE | PHOTOGRAPHY **Matthijs van Roon & Mandy Pieper**
STYLING **Rianne Landstra**

TERRA

Wat je ziet is geen

What you see is not design, but feeling

design, maar gevoel

12   **Rotterdam**

34   **Aalsmeer**

49   **In production**

57   **New York**

97   **Interviews**

105   **Bonaire**

134   **Vinkeveen**

145   **In progress**

153   **Blaricum**

174   **Et cetera**

Piet Boon is one of the Netherlands' most high-profile designers. Together with his wife Karin, a team of architects, his own furniture workshop and a building company, he is capable of carrying out an all-inclusive concept. From casting the foundations to hanging the final hooks for the curtains. As a designer, his background as a builder gives him a significant head-start. 'What we can't build, we don't design,' is his principle.

'People often think we either make kitchens or interiors. But we can create an all-round concept. Our contact with the client may start with a design for the house and, by deciding on the colours, proceed to proposals for the whole interior. The nice thing about our company is that you can order an entire house here, but we are also quite happy to do just a small part of it. We are open to anything. We are primarily designers. We design the interior and exterior and give shape to the whole. We also have our own range of furniture and lighting, called *Piet Boon Zone*, a home design shop called *Baden Baden* in Amsterdam, a workshop for custom-made furniture and our own building company, *Piet Boon Oostzaan BV*. So we are engaged in every facet of a project.'

Five years have passed since the first book, *Piet Boon*, was published. It was hugely successful in the Netherlands and far beyond, and at the time of writing it is being reprinted for the fourth time. A lot has changed for Piet Boon since then.

'We have become much more complete. Launching our own ranges of furniture and lighting helped too. By making our furniture in series we can reach a much wider public and so many more people can put a Piet Boon sofa in their homes.'

Piet Boon is een van Neerlands meest spraakmakende vormgevers en ontwerpers. Samen met zijn vrouw Karin, een team van architecten, een eigen meubelwerkplaats en een bouwonderneming is hij in staat een totaalconcept uit te voeren. Van het storten van het fundament tot het ophangen van de laatste haakjes voor de gordijnen. Zijn achtergrond als bouwer geeft hem als ontwerper een belangrijke voorsprong. 'Wat we niet kunnen bouwen, ontwerpen we niet', is daarbij zijn uitgangspunt.

'Mensen denken vaak dat wij óf keukens óf interieurs maken. Maar wij kunnen een totaalconcept maken. Ons contact met de cliënt kan beginnen bij het ontwerp van het huis en via het bepalen van de kleuren overgaan in de verzorging van het hele interieur.

Het leuke van ons bedrijf is dat je hier een heel huis kunt bestellen, maar we willen ook best alleen een klein onderdeeltje doen. We staan overal voor open.

In de eerste plaats zijn wij vormgevers. We ontwerpen interieur en exterieur en geven vorm aan het geheel. Daarnaast hebben we een eigen meubel- en verlichtingslijn, *Piet Boon Zone*, een woonwinkel in Amsterdam, *Baden Baden*, een werkplaats voor maatmeubels en een eigen aannemersbedrijf, *Piet Boon Oostzaan BV*. Wij houden ons dus bezig met alle facetten van een project.'

Er is vijf jaar verstreken sinds het eerste boek, *Piet Boon*, verscheen. Een boek dat tot ver over de landsgrenzen veel succes heeft en bij het schrijven van deze inleiding alweer z'n vierde druk beleeft. In die tijd is er bij Piet Boon heel wat veranderd.

'Our all-inclusive concept has been enhanced and expanded in recent years. Our range has become so much broader that our clients even come to us for adaptations to their car. That did actually happen quite recently.

We have a unique form of cooperation with several companies and, last but not least, with the designer Alexander Rublek, our lighting adviser. These contacts make the company more complete. It also means we keep up to date on market developments and all the latest technical devices. That means we can stay ahead of the game.

We have developed into the most complete company in the Netherlands. Who else does all these things? I don't know anyone who wants to be involved in every aspect. In fact you must be mad if you want get involved in design and want to produce the final result too. It brings down a whole lot of trouble on your head!

Not only do you have to think it up, you even have to make it yourself. It's much easier to think something up and say to someone else, 'Just make sure you get it done.'

'Because we don't work that way, it means that anyone who engages us can expect the best quality. We stand up for what we doo. Boon is not expensive. You pay for the quality and it takes more time to make something really well. On top of that, if I don't do it well, I'll soon call myself to account.

We give a guarantee, so it has to be good.

We test a lot of things at home to see whether they satisfy the quality requirements we impose. That applies to the Piet Boon Zone furniture too.

The things we make must not only be timeless, but durable too. There's no need to spare our furniture or our houses.

'We zijn veel completer geworden. Ook door het opzetten van een eigen meubel- en verlichtingslijn. Door het seriematig maken van meubels bereiken we een veel groter publiek en zo kunnen veel meer mensen een Piet Boon-bank neerzetten.'

'Over de hele linie is ons totaalconcept de laatste jaren versterkt en uitgediept. We zijn zó veel breder geworden dat onze opdrachtgevers ons zelfs weten te vinden voor aanpassingen aan een auto. Daar werden we onlangs voor benaderd.

We hebben een unieke samenwerking met een aantal bedrijven en – last but not least – met ontwerper Aleksandar Rublek, onze lichtadviseur. Die contacten maken ons completer. Zo blijven we op de hoogte van wat er op de markt komt en van alle nieuwe technische snufjes. Daardoor kunnen we vooraan blijven lopen.

We zijn uitgegroeid tot het meest complete bedrijf van Nederland. Wie doet dit nu allemaal? Ik ken niemand die zich met alle facetten wil bezighouden. Je bent eigenlijk gek als je je bemoeit met vormgeving en ook nog het uiteindelijke resultaat wilt produceren. Daarmee haal je je heel wat ellende op de hals! Je moet het niet alleen bedenken maar ook nog zelf uitvoeren. Het is veel gemakkelijker om iets te bedenken en tegen een ander te zeggen: "Zie maar dat je het voor elkaar krijgt."

Omdat wij zo niet werken, betekent dat wel dat wie met ons in zee gaat van ons topkwaliteit mag verwachten. We stáán voor wat we doen. Boon is niet duur. Het is de kwaliteit die je betaalt en het kost

As we have our own building company we know beforehand where things might go wrong in the design. So we make sure we don't make those mistakes.'

In recent years Boon has had an increasing number of jobs abroad, in the United States, for example. Working from a distance has turned out not to present any problems. It seems that a proper prior briefing and detailed working plans are the ingredients for success. And of course working remotely is made easy by modern communication methods and digital photography. Building plans can be sent effortlessly and at lightning speed by e-mail. In the case of the flat in New York the clear views and good taste of the energetic owner turned out to be of inestimable value. The builders with whom Boon has worked in several countries work in different ways, which he has experienced as both surprising and refreshing.

In his own country Boon has designed a whole street and a residential area, and at the time of writing a park containing luxury recreational villas s on the drawing board.

Boon once declared in an interview that he would so much like to design a beach house. His wish was fulfilled. The house is on Bonaire, has appeared on television and fills a whole chapter of this book.
Any other dreams? 'Yes, I would very much like to design a hotel. It find it fantastic to be able to get involved in the entire formal idiom of a hotel. And if I can have one more wish, it's to do the interior of a ship.'
But that's for the next book.

meer tijd om iets écht goed te maken. Daar komt bij, dat als ik het niet goed doe, ik even later bij mezelf op de stoep sta. Wij geven garantie en daarom móet het ook goed zijn.
Bij ons thuis wordt veel uitgetest om te kijken of het voldoet aan de kwaliteitseisen die we stellen. Dat geldt onder andere voor de meubels van *Piet Boon Zone*. Wat we maken moet niet alleen tijdloos maar ook duurzaam zijn. Zowel onze meubels als onze huizen hoef je niet te ontzien. Omdat we een eigen aannemersbedrijf hebben, weten we van tevoren waar het fout kán gaan in de vormgeving Die fouten worden bij ons dan ook niet gemaakt.'

De laatste jaren kreeg Boon steeds vaker opdrachten in het buitenland. In de Verenigde Staten bijvoorbeeld. Het werken op afstand bleek geen belemmering te zijn. Een goede briefing vooraf en gedetailleerde werkplannen bleken de ingrediënten voor een succesvol verloop. En natuurlijk is bij werken op afstand ook dankbaar gebruik gemaakt van moderne communicatietechnieken en digitale fototechnieken. Bouwtekeningen werden razendsnel en moeiteloos via de mail verstuurd. In het geval van het appartement in New York bleken de duidelijke visie en de goede smaak van de doortastende eigenaresse van onschatbare waarde. De bouwers waarmee in verschillende landen is samengewerkt, bleken op heel verschillende manieren te werken. Een gegeven dat Boon als verrassend en verfrissend heeft ervaren.

In eigen land ontwierp Boon een hele straat en een woonwijk. Op dit moment ligt er een park met luxe recreatievilla's op de tekentafel.

Ooit riep Boon in een interview dat hij zo graag een beach house wilde ontwerpen. Zijn wens werd vervuld. Het huis staat op Bonaire, verscheen op televisie en vult een hoofdstuk in dit boek.

Nog andere dromen? 'Ja, ik zou heel graag nog eens een hotel willen ontwerpen. Het lijkt me geweldig om mij met de complete vormtaal van een hotel te mogen bemoeien. En als ik nóg iets mag bedenken, dan ook nog een interieur van een schip.' Wordt vervolgd in een volgend boek.

Rotterdam

The house, surrounded by a large garden and sheltered by fine old trees, has a broad view over the water. When the occupants bought this stylish old villa in such an enviable spot, they knew they would have to take account of major conversion work. For the bathroom they had the big egg-shaped Boffi bath in mind, which they had seen at *Baden Baden*, Piet Boon's home design shop in Amsterdam. Boon agreed it was a marvellous bath, but in his opinion was 'not appropriate for this villa'. He examined the building plans very critically with the owners. Instead of a bath he provided them with a complete design for the interior and furnishings and carried out the entire conversion with his building company.

The house was in a fairly poor state and the conversion promised to be complicated. Boon explained to the future occupants that the success of this sort of large-scale project depends on sound preparation. The owner s a man with an eye for detail who demands the greatest perfection and quality from himself. He understood that he could expect the same from Boon.

Since the design and the building were now in the same hands, it was easier to work out in advance what the ultimate cost would be. Which was a good thing, since this is usually a difficult and convoluted task when it comes to old buildings, as they always have some surprises in store.

The large windows with the old steel frames have been meticulously restored. In this way each room in the house gains from the superb natural light and has a fine view of greenery or water.

The occupants, who combine busy jobs with a young family, are art-lovers. The open connections between the dining room, kitchen and living room give the

Het huis – omringd door een grote tuin en beschut door mooie oude bomen – heeft een weids uitzicht over water. Toen de bewoners de stijlvolle, oude villa op deze benijdenswaardige plek kochten, wisten ze dat ze rekening moesten houden met een ingrijpende verbouwing. Voor de badkamer hadden ze het grote eivormige Boffibad in het hoofd dat ze in *Baden Baden* – de Amsterdamse woonwinkel van Piet Boon – hadden gezien. 'Een prachtig bad', beaamde Boon, 'maar niet geschikt voor deze villa.' Samen met de eigenaars keek hij kritisch naar de bouwplannen. In plaats van een bad leverde hij een totaalontwerp voor het interieur en de inrichting én voerde hij met zijn bouwonderneming de hele verbouwing uit.

Het huis was in tamelijk slechte staat en de verbouwing beloofde een gecompliceerde klus te worden. Boon legde aan de toekomstige bewoners uit dat het welslagen van een dergelijk groot project een degelijke voorbereiding vergt. De eigenaar is een man van details die van zichzelf uiterste perfectie en kwaliteit eist. Hij begreep dat hij hetzelfde van Boon mocht verwachten. Doordat bouw en ontwerp nu in één hand waren, kon er van tevoren beter doorgerekend worden wat de uiteindelijke kosten zouden zijn. Een prettig aspect, omdat dat doorgaans een moeilijke en ondoorzichtige klus is bij oude panden die altijd voor verrassingen zorgen. De grote raampartijen met de oude, stalen kozijnen zijn zorgvuldig gerestaureerd. Elke ruimte in het huis profiteert daardoor van de prachtige lichtinval en heeft een mooi uitzicht op het groen of het water.

house a light and pleasant atmosphere. The large walls are the perfect setting for the beautiful objects they have collected. When necessary, the exceptionally designed sliding doors make it possible to close off the rooms. The parents and children have their own study-bedrooms that comply with their particular wishes. Nor have the family's two dogs been forgotten: they can now rinse off their muddy paws in a splendidly tiled washroom.

Wide terraces have been built around the house, linking up perfectly with Piet Oudolf's marvellous garden. In the basement the doors of the sauna open onto the austere grey swimming pool. The verandah was enlarged to make a pleasant outdoor room so that the occupants can stay outside much longer.

The atmosphere of the house was retained despite this thorough conversion. The original lines have been restored, displaying a respect for the house as it was. It's true that inside the facade everything has been rebuilt, but that which now lies behind the front door also fits in wonderfully well with the style it had once been given. To the extent that visitors often think the inside of the house had always looked like this. Just as the owners had intended before the conversion.

De bewoners die allebei een drukke baan met een jong gezin combineren, houden van kunst. De open verbindingen tussen de eetkamer, keuken en woonkamer geven het huis een prettige, lichte sfeer. De grote wanden zijn een ideale setting voor de mooie objecten die zij hebben verzameld. Bijzonder vormgegeven schuifdeuren maken het mogelijk om de ruimten als daar even behoefte aan is, af te scheiden. Ouders en kinderen hebben eigen studeer- en slaapkamers gekregen die voldoen aan hun specifieke wensen. Zelfs aan de twee honden van de familie werd gedacht: zij kunnen nu in een prachtig betegelde wasruimte hun modderige pootjes afspoelen.

Rondom het huis zijn grote terrassen aangelegd die feilloos aansluiten bij de schitterende tuin van Piet Oudolf. In het souterrain openen de deuren van de sauna naar het strakke, grijze zwembad. De veranda werd vergroot en is daardoor een aangename buitenkamer geworden waar de bewoners aan de grote tafel lang buiten kunnen zitten.

Na de grondige verbouwing is de sfeer van de woning bewaard gebleven. Met respect voor het huis zijn de oorspronkelijke lijnen teruggebracht. Achter de gevel is alles weliswaar opnieuw opgebouwd, maar wat nu achter de voordeur zit, past toch ook wonderwel bij de stijl die het ooit heeft meegekregen. Zelfs zó dat bezoekers regelmatig denken dat het huis er van binnen altijd zo heeft uitgezien. Precies zoals de bewoners voor de verbouwing voor ogen hadden.

Aalsmeer

This house stands on the through road in a watery and friendly village in the heart of the Netherlands. In its long ribbon of houses it actually only strikes you if you slow down and take a good look. And that was precisely Piet Boon's intention when he became involved in its construction. The occupant was only able to buy the house and land on the condition that he built something else for the previous owner. This meant that at the back end of the site guest accommodation was first built which has in fact turned into a completely independent house. Only when that was ready was the old house demolished and could the owner make a start on building his own house.

The basic design by Dick Kuin was adjusted. The result is a symmetrical house with attractive sightlines both inside the building and out to the boats on the canal that borders the garden. To make the whole ensemble look more modest, the facade was rendered, whereas the initial design had used exposed brickwork. This was important to Boon because he thinks a house should not be too different from its surroundings. The owner was enthusiastic and very closely involved in the building of his house and regularly joined in the work. He dug and he delved, and was also a dependable contact for all the contractors, and apart from being the client for whom the workers were building the house, he was also one of them.

The house has three fireplaces, which suits the occupants perfectly, as they are clearly keen on atmosphere. They also like cooking, usually elaborately. Not only for their own family, but also for friends and relatives. This is why there is so much space in the large kitchen and dining room and at the long oak table. The kitchen

Het huis ligt aan de doorgaande weg van een waterrijk vriendelijk dorp in het hart van Nederland. Het valt in het lange lint van huizen eigenlijk pas op als je vaart mindert en goed kijkt. En dat is precies de bedoeling geweest van Piet Boon, die bij de bouw werd betrokken.
De bewoner kon huis en grond kopen op voorwaarde dat hij voor de vorige eigenaresse iets anders zou bouwen. Zo ontstond achter op het erf eerst een gastenverblijf, dat eigenlijk een compleet zelfstandig huis is geworden. Pas toen dat klaar was, werd het oude huis gesloopt en kon worden begonnen met de bouw van de eigen woning.

Het basisontwerp van architect Dick Kuin werd bijgesteld. Het resultaat is een symmetrisch huis met mooie zichtlijnen in het huis en naar de bootjes in de vaart die aan de tuin grenst. Om het geheel wat ingetogener te maken, werd de gevel gestuukt, terwijl het eerste ontwerp uitging van metselwerk. Voor Boon een belangrijk punt omdat een huis wat hem betreft niet te veel mag afwijken van de omgeving. Enthousiast en zeer betrokken bij de bouw van zijn huis stak de bewoner zelf regelmatig de handen uit de mouwen. Stond zelf te spitten en te graven, was een betrouwbaar aanspreekpunt voor alle onder-aannemers en behalve opdrachtgever die boven de mensen stond die het huis bouwden, ook een van hen.

Het huis telt drie open haarden. Helemaal in de lijn van de bewoners die duidelijk van sfeer houden. Ze koken gráág en meestal uitgebreid. Niet alleen voor het eigen gezin, maar ook voor vrienden en familie.

and living room merge into one another. Two narrow walls provide a partial division so the intimacy of the room is not lost. The spaces have been so arranged that while the hosts are cooking they are still in contact with the children and the guests.

Open connections and views through from one room to the next play an important part in this house. The children's play-space adjoins the living room. They most like to play near their parents, but they still have their own place where they are free to leave their toys lying around. The whole house feels open, but plenty of privacy has also been created for everyone. From the spacious hall you look through to the upper floor with the bedrooms, where the parents have been given their own domain with dressing room, bathroom and bedroom.

Piet Oudolf's marvellous garden is so in tune with the intentions of the design of the house that the outdoor and indoor feel of this atmospheric family home

Daarvoor is volop ruimte in de grote keuken en eetkamer en aan de lange eiken tafel. Keuken en kamer lopen in elkaar over. Twee smalle muren zorgen voor een gedeeltelijke afscheiding zodat de intimiteit in de ruimte niet verloren gaat. De indeling is zo gemaakt dat ook tijdens het koken contact blijft bestaan met de kinderen en de gasten.

Open verbindingen en doorkijken van de ene ruimte naar de andere spelen een belangrijke rol in het huis. De speelruimte van de kinderen grenst aan de woonkamer. Ze spelen het liefst in de buurt van hun ouders, maar hebben toch hun eigen plek waar ze rustig hun speelgoed kunnen laten slingeren. Het hele huis is open van karakter, maar er is ook voor iedereen veel privacy gecreëerd. Vanuit de ruime hal kijk je door naar de slaapverdieping waar de ouders hun eigen afdeling hebben gekregen met een kastenkamer, badkamer en slaapkamer.

De bijzondere tuin van Piet Oudolf sluit zo mooi aan bij de intenties van het woonontwerp, dat het binnen- en buitengevoel van dit sfeervolle familiehuis perfect in balans zijn.

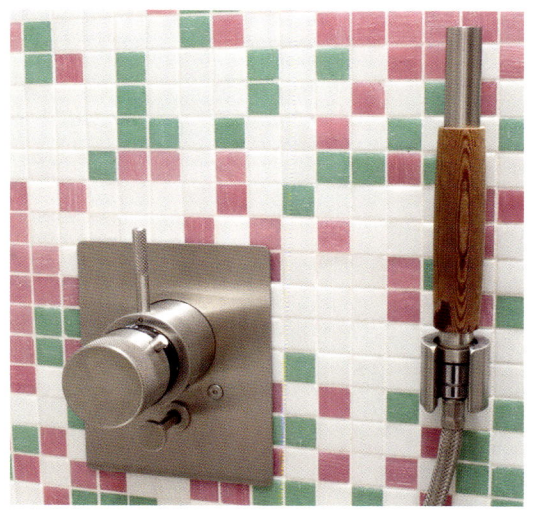

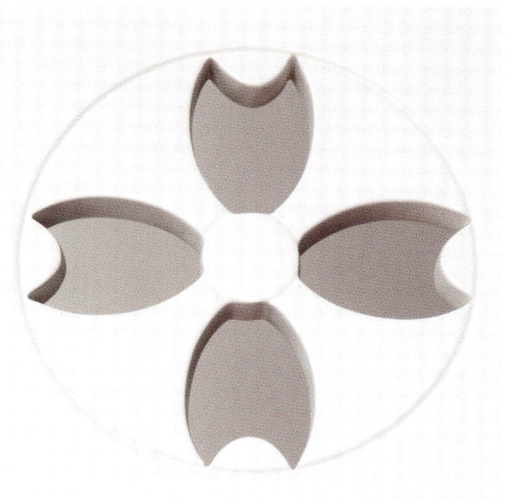

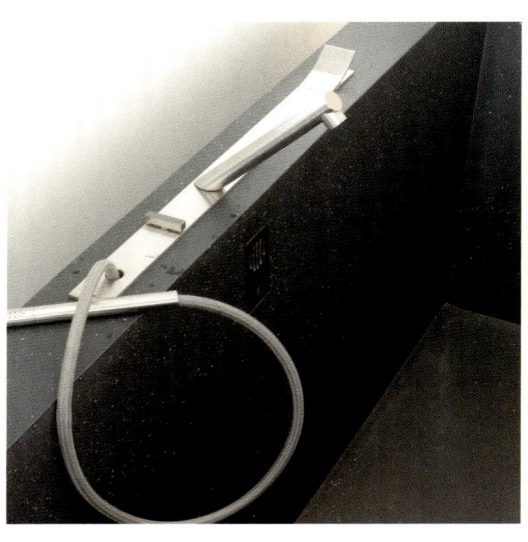

'Vroeger maakten we al onze maatmeubels vaak maar één keer. Daarom is het zo leuk dat we nu *Piet Boon Zone* hebben opgezet. We willen graag bereikbaar zijn voor een grote groep.

Niet iedereen wil in een huis van Piet Boon wonen, maar er zijn er veel die zeggen: "Wat een mooie tafel, kan ik die niet kopen?" Doordat we onze meubels nu in serie produceren, zijn ze meteen ook betaalbaarder geworden. Het ontwikkelen en produceren van meubels kost veel tijd en energie. De prijs gaat vanaf fabriek tot winkel over een aantal schijven. We zijn vooral blij dat we met de seriemeubels de prijs-kwaliteitverhouding op een toegankelijk niveau hebben kunnen brengen.

Met ons team zijn we constant in beweging om nieuwe meubels te ontwerpen en concepten te bedenken. Zo hebben we in Nederland met *Piet Boon Zone* 'het lage zitten' geïntroduceerd. In Azië zijn mensen gewend aan een lage tafel te eten. Deze gewoonte hebben we overgenomen in onze meubellijn. We hebben een stoel ontwikkeld waarin je zowel actief kunt eten als lekker kunt loungen. De meeste eetkamerstoelen worden na het eten meteen verruild voor de bank. In onze stoel blijf je met plezier de hele avond lekker hangen.

Wij proberen onze meubels kwalitatief op een zo hoog mogelijk niveau te produceren, zodat ze niet alleen mooi maar vooral ook duurzaam zijn. Alle meubels testen wij eerst bij ons thuis uit. We hebben twee opgroeiende kinderen die het meubilair niet hoeven te ontzien.

Praktisch ingesteld als we zijn, werken we veel met losse hoezen. Bij de meeste van onze meubels zijn ze in meerdere kleuren en materialen leverbaar. Daarmee kun je snel een andere sfeer in huis creëren en de meubels gaan lang mee. In Amerika bestellen mensen vaak al meteen twee sets: één extra voor als de andere in de was is. Wij blijven ontwikkelen en in de nabije toekomst zullen we veel met BeeBoard gaan doen. Het is een heel veelzijdig maar vooral ook voordelig product en daarmee komen we weer terug bij ons uitgangspunt: de meubels van Piet Boon voor een breed publiek toegankelijk maken.'

'In the past we often made just one set of our custom-made furniture. That's why it's so good to have set up the *Piet Boon Zone*. We would like to be accessible to a lot of people.

Not everyone wants to live in a house by Piet Boon, but there are also plenty who say, 'What a beautiful table, can't I buy it?' That's why we started producing our furniture in series, which also means they have become more affordable. Developing and producing furniture takes a lot of time and energy. From factory to shop the price increases by several stages. What makes us most happy is that with this serially-produced furniture we have been able to bring the price-quality ratio to an accessible level.

In our team we are constantly busy designing new furniture and thinking up concepts. For instance, we introduced 'low seating' to the Netherlands by way of the *Piet Boon Zone*. In Asia people are accustomed to eating at a low table. We have incorporated this habit into our furniture range. Not only because it looks very appealing, but also because you can stay sitting at the table longer that way. We have developed a chair in which you can both actively eat and lounge lazily. Most dining room chairs are immediately abandoned for the sofa after dinner. In our chair you can laze pleasurably all evening long.

We try to produce our furniture to the highest possible quality, so it is not only attractive but durable too. We always test every piece of furniture at home first. We have two growing children who are not required to spare the furniture. We have a very practical attitude, so we often use loose covers. Most of our furniture comes in several colours and materials. In that way you can soon create a different atmosphere in the house and the furniture lasts longer. In America people often order two sets of covers straight away: one for when the other is in the wash. We shall carry on developing things and in the near future we shall be using a lot of BeeBoard. It is a very versatile product, but also cheap, and that brings us back to our starting point again: making Piet Boon's furniture accessible to a broad public.'

De werkplaats

'Dat we zelf maatmeubels gingen maken, was voor ons een logisch gevolg op het
bouwen van huizen. In Oostzaan hebben we alles onder één dak: kantoor, ontwerp-
studio met architecten, bouwonderneming en meubelwerkplaats.
We zijn begonnen met kasten, keukens, balies, recepties... noem maar op. Eigenlijk
heb je het dan over interieurbouw. Later zijn daar ook meubels bijgekomen. Onze
meubellijn wordt hier niet geproduceerd. Alle prototypes komen hier wel vandaan.
We werken met zorgvuldig gedroogd en geselecteerd hout, met hele boomstammen.
De boomstammen komen hier gedroogd binnen. Het slechtere hout wordt eruit
gezaagd, dat gaat niet weg. Voor sommige projecten hebben we juist weer die
ruwere stukken hout nodig. We testen alles uit. Zo werken we met verouderings-
technieken om het hout een bijzondere uitstraling te geven. We moeten het ook
testen op toepasbaarheid. Het is tenslotte belangrijk dat hout mooi is en mooi blijft.
Lak je bijvoorbeeld eiken met een UV-lak dan vergeelt het en wordt het oubollig.
Op het gebied van houtbewerking hebben we veel ervaring. De afgelopen jaren
hebben we zelf allerlei middeltjes en technieken uitgevonden, onder andere
methodes van wassen en logen, waardoor het hout op een andere manier verkleurt.
Wij zullen altijd technieken blijven uittesten. Niet alleen om het hout dat we
gebruiken een mooie uitstraling te geven, maar ook om het de eindgebruiker qua
onderhoud zo gemakkelijk mogelijk te maken.'

The Workshop

'We saw the production of our own custom-made furniture as a logical sequel to
building houses. In Oostzaan we have everything under one roof: our office,
design studio with architects, building company and furniture workshop.
We started with cupboards, kitchens, reception desks, all sorts of things.
What you're really talking about is interior construction. At a later stage we
started on furniture too. Our range of furniture is not produced here, though all
the prototypes are developed here.
We use carefully dried and selected wood, complete tree-trunks. The trunks arrive
here dried, and the poor wood is sawn out, but it isn't thrown away. For some
projects it's precisely those rougher pieces we need. We test everything. We have
aging techniques to give the wood a special look. We have to test its applicability
too. After all, it's important that wood is and remains beautiful. To give an
example, if you coat oak with an UV varnish it yellows and looks old-fashioned.
We have a lot of experience in woodworking. Over the years we have invented all
sorts of little devices and techniques including methods of washing and soaking in
lye, which makes the wood change colour in a different way.
We shall always continue to test techniques. Not only to give a handsome
appearance to the wood we use, but also to make it as easy as possible for the user
to maintain.'

Not just to look at

Niet alleen
om naar te kijken

New York

The clients at the flat in New York saw a copy of Piet Boon's first book quite by chance. His style suited the atmosphere they had in mind for their flat in the finest location at the heart of New York. It looks out on the city's biggest garden: Central Park.

When the phone rang in Oostzaan and a voice asked, 'What do you think about doing your first New York job on Fifth Avenue?' Piet Boon thought for a moment he was dreaming.

The first plan was presented to the clients two months after visiting them and their flat. This exclusive building places strict requirements on conversion work. To give one example, any heavy construction work has to be completed within four months – during the period in which most people go on holiday.

In addition, account had to be taken of common mains ducts, chimney shafts, drainage and wet areas, which had to be placed exactly above one another. In order to comply with all the regulations, and to complete the work in a relatively short time, it was essential to have a tight schedule and a well-considered plan. The first task was to create logical routing.

The client had beforehand set various moods, definitions of the desired atmosphere in each room. While designing it was important to consider the balance between the various rooms and to make good use of natural light. Because of the excellent light, the living rooms were at the front with a view of the park. It was the first time Piet Boon had carried out such a major project remotely. It was apparent from the beginning that the distance was no problem, thanks to the

De opdrachtgevers van het appartement in New York kregen bij toeval het eerste boek van Piet Boon onder ogen. Zijn stijl paste bij de sfeer die zij voor ogen hadden voor hun appartement op de mooiste locatie in het hart van New York. Met uitzicht op de grootste tuin van de stad: Central Park.

Toen de telefoon rinkelde in Oostzaan en een stem vroeg: 'Wat zou je ervan denken om je eerste werk in New York te doen op Fifth Avenue?', dacht Piet Boon even dat hij droomde.

Na een bezoek aan de opdrachtgevers en het appartement werd twee maanden later de eerste plattegrond gepresenteerd. Het exclusieve gebouw stelt strikte eisen aan verbouwingen. Zo moet het zware constructiewerk binnen een periode van vier maanden – de tijd waarin de meeste mensen op vakantie zijn – worden verricht.

Daarnaast moest rekening gehouden worden met gemeenschappelijke leidingkokers, schachten voor schoorstenen, afvoeren en natte cellen die nauwkeurig boven elkaar geplaatst dienden te worden.

Een strak schema en een doordacht plan waren voorwaarde om aan alle voorschriften te kunnen voldoen en de verbouwing binnen betrekkelijk korte tijd te realiseren. Eerste taak was het maken van een logische routing.

Vooraf had de opdrachtgever voor alle vertrekken verschillende 'moods', sfeeromschrijvingen, bepaald. Bij het ontwerpen was de balans tussen de verschillende vertrekken en goed gebruik van natuurlijk licht

precise description of the details and undoubtedly because communication was also very good.

The quality, dedication and enthusiasm of the American builders was a big surprise. On certain days as many as eighty people were there, all working in perfect unison.

The clients turned out to be extremely hospitable people with exceptionally good taste. This meant that for Boon the job in part comprised no more than adjusting things to make sure it all fitted together. The style of the flat is now rich and international, with elements of European design. The subtle use of colour makes it an oasis of restfulness and refinement. The extraordinary works of art by the New York painter Rachel Lee Hovnanian, which contribute to the serene atmosphere, made a lasting impression on Piet and Karin Boon. One of her works is now hanging in Oostzaan.

The lady of the household had an almost meditative, zen-like atmosphere in mind for the flat, where she and her family could recover together from their busy lives and the hectic tempo of the city. She is exceedingly happy with the result. 'Some people call it sexy', she says with amusement. 'For me it's a home, and I miss it when I'm not here.'

belangrijk. De woonvertrekken werden vanwege de mooie lichtinval aan de voorkant met uitzicht op het park gesitueerd.

Het was de eerste keer dat Piet Boon op afstand een dergelijke grote opdracht uitvoerde. Van meet af aan bleek de afstand geen probleem dankzij de nauwkeurige omschrijving van de details en zeker ook omdat de communicatie goed was.

De kwaliteit, de inzet en het enthousiasme van de Amerikaanse bouwers was een grote verrassing. Op sommige dagen waren soms tachtig perfect samenwerkende mensen aanwezig.

De opdrachtgevers zijn gastvrije mensen met uitzonderlijk veel smaak. Voor Boon was de opdracht daarom voor een deel alleen een kwestie van bijsturen om alles kloppend te maken.

Het appartement heeft een internationale, rijke uitstraling met Europese designelementen gekregen. Door het subtiele kleurgebruik is het een oase van rust en verfijning. De bijzondere kunstwerken van Rachel Lee Hovnanian, een kunstenares uit New York, die bijdragen aan de serene sfeer, hebben diepe indruk gemaakt op Piet en Karin Boon. Inmiddels hangt er een werk van haar in Oostzaan.

De eigenaresse had voor het appartement van tevoren een bijna meditatieve, zen-achtige sfeer voor ogen, waar ze met het gezin op adem kon komen van de drukte van hun bestaan en de hektiek van de stad. Ze is heel blij met het resultaat. 'Sommige mensen noemen het sexy', vertelt ze geamuseerd. 'Voor mij is het thuis, ik mis het als ik er niet ben.'

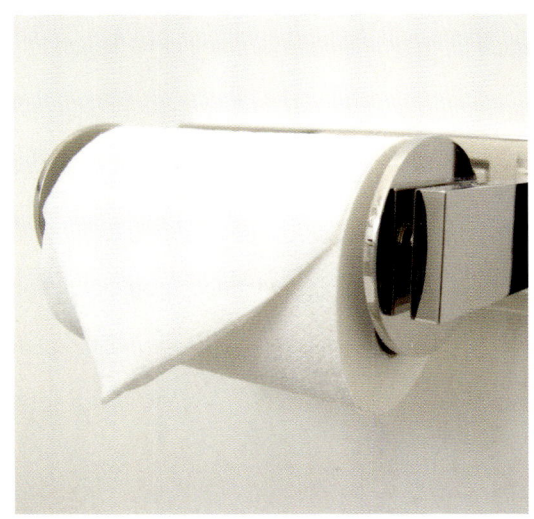
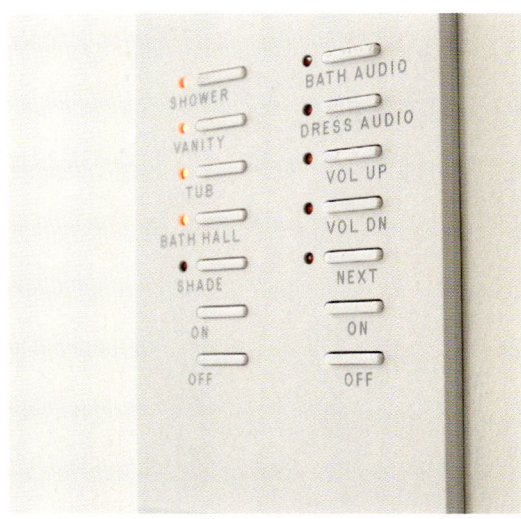

☐ INTERVIEWS

Piet Oudolf behoort internationaal tot de meest vooraanstaande vormgevers en ontwerpers van tuin en landschap. De afgelopen jaren heeft hij ontwerpen geleverd voor Battery Park en de High Line in New York, The Lurie Garden in Chicago, Wisley Gardens en Trentham Gardens in Engeland en een park in Enköping in Zweden. Samen met zijn vrouw Anja woont en werkt hij in Hummelo waar hun vermaarde kwekerij ligt. Sinds 2001 ontwerpt hij regelmatig tuinen bij projecten van Piet Boon.

'Piet komt regelmatig met iets aandragen omdat naar zijn idee mijn tuinen en zijn huizen bij elkaar passen. Ik maak blijkbaar tuinen die heel goed passen bij zijn idee van hoe een tuin eruit moet zien.
Wat ik bij Piet doe, maak ik niet bij anderen. In die zin zou je dus kunnen zeggen dat ik volgens een bepaald concept werk, alhoewel dat nooit betekent dat ik een soort kant-en-klare blauwdruk heb liggen. Elke tuin is anders. Net zoals elk huis van Piet anders is en heel herkenbaar van zijn hand.

Wat ik bij de ontwerpen van Piet maak, heb ik eigenlijk niet eerder op zo'n manier gedaan. Dat komt door zijn manier van ontwerpen. Daar past niet zomaar alles bij. En zeker geen rommelige tuin. Die moet een duidelijke structuur hebben en 'stevig' zijn want zijn huizen zijn dat ook.
De samenstelling van de beplanting in mijn ontwerpen voor Piet is stoer, sterk en betrouwbaar. Minimalistischer, maar nog steeds gevarieerd genoeg. Ik let er altijd op dat een tuin niet plotseling is uitgebloeid en alle kleur verliest. In zijn tuinen werk ik wel met een klein aantal soorten, maar ook hier moet de beplanting goed bij elkaar passen en voor continuïteit in bloei zorgen. Zo blijft een tuin altijd interessant.
Voor de border bij de parkeerplaats bij zijn huis heb ik drie of vier soorten uitgezocht. Grassen en pioenen en nog wat zomerbloeiers. Deze soorten zijn voornamelijk nodig om elk seizoen te kunnen uitdrukken.
In het algemeen geldt dat plantschema's niet te ingewikkeld mogen worden, want de meeste mensen zijn geen echte tuiniers. Daarvoor hebben ze het meestal te druk. Maar als een tuin af is, gaat het ook niet helemaal zonder onderhoud. Binnen moet je ook stofzuigen. Zijn klanten zijn eerder geneigd om dat te doen.

Ik probeer elke tuin een eigen uitstraling te geven en ik maak telkens weer iets anders. Soms lijkt het op het eerste oog misschien wel op elkaar, maar er is dan toch weer net een andere slag gemaakt of de context is anders.
Grote tuinen zijn op zich geen probleem. Bij een groot oppervlak ga ik ruimtelijker denken. Dan komt er meer gras en wordt de tuin naar verhouding in meer ruimten opgedeeld. Als een tuin echt héél groot is, moet je toch een soort spanning bereiken. Elk ontwerp is weer een andere uitdaging.

Het is van tevoren moeilijk te zeggen wat je gaat maken. Dat zie je pas als je de plattegrond hebt en weet wat de ligging van het huis wordt. Het mooie is wel dat

Piet Oudolf is, at an international level, one of the leading designers of landscapes and gardens. In recent years he has provided designs for Battery Park and the High Line in New York, the Lurie Garden in Chicago, Wisley Gardens and Trentham Gardens in England and a park at Enköping in Sweden.
He lives and works together with his wife Anja in Hummelo, where their renowned nursery is located. Since 2001 he has regularly designed gardens for projects by Piet Boon.

'Piet regularly comes up with things because he thinks my gardens and his houses suit each other. Apparently I make gardens that fit in well with his idea of what a garden should look like.
I do not do for others what I do for Piet. So in that sense you might say that I work according to a particular concept, although that never means that I have a sort of ready-made blueprint waiting. Every garden is different. Just as every one of Piet's houses is different and is very recognisably designed by him.

Actually, I had never previously taken the same approach as for the things I create to go with Piet's designs. That's because of the way he designs. Not just anything suits it. And certainly not an untidy garden. It has to have a clear structure and be 'robust' because that's the way his houses are.
In my designs for Piet, the composition of the planting is robust, strong and reliable. It is more minimalist, but still sufficiently varied. I always make sure a garden does not all suddenly finish flowering at the same time and lose all its colour. In his gardens I do use a small range of varieties, but there too the plants have to be well suited to each other and provide continuity of blossom.
That makes a garden always interesting. I found three or four varieties for the border next to the parking area at his house. Grasses and peonies and a few other

wat ik bij de huizen van Piet bedenk een eigen stijl heeft. Zowel Piet als ik willen iets maken wat de mensen mooi vinden en tegelijkertijd uniek is. Er zitten overeenkomsten in de manier waarop we ontwerpen. In zijn ontwerpen zit ook een duidelijke lijn, gaat het om consequent doordenken. Hij is meer van de symmetrie dan ik. Ik hanteer een soort asymmetrie die op symmetrie lijkt, wil mensen graag af en toe een beetje op het verkeerde been zetten. Ze moeten zich soms afvragen waarom iets zo gedaan is. Zoiets kan. Als het maar spanning heeft. Zolang je de ruimte of het gevoel van ruimte of lengte er niet mee bederft, kan het allemaal. Het gaat mij erom de beleving zo groot mogelijk te maken.

Bij al zijn huizen merk je dat buiten leven voor Piet even belangrijk is als binnen leven. Hij maakt duidelijk een beweging naar buiten. Dat is voor mij als tuinontwerper heel prettig. Die naar buitengerichtheid betekent dat de tuin vaak een omlijsting is van zijn ruimten.

Overleggen doen we eigenlijk nauwelijks. Hij roept dan: "Hier komt het zwembad. Nee, daar!" En dan zeg ik weer: "Het zou wel mooi zijn als het dáár komt", maar daarmee houdt ons overleg zo ongeveer op.'

summer flowers. The four varieties are above all necessary for each season to be able to express itself.

Generally speaking, planting plans should not be too complicated, because most people are not real gardeners. They are usually too busy. But when the garden is finished, it can't manage entirely without maintenance. In the same way as you have to vacuum inside the house. His clients do tend to do that.

I try to give every garden its own appeal and I always make each one different. At first sight they may sometimes look similar, but there is always a slight difference in approach and the context is always different.

Large gardens are basically no problem. For large areas I think in more spatial terms. I use more grass and the garden is divided up into more spaces in proportion. If a garden is really very big you have to achieve a sort of tension. Every design is a new challenge.

It's difficult to say what you're going to do in advance. You only see that when you have the plan in front of you and know where the house will be located. The good thing is that the things I devise for Piet's houses have their own style. Both Piet and I want to make something the people find attractive and also unique.

There are similarities in the way we design. There is a clear line in his designs too; it's a matter of prolonged consistent thinking. He goes more for symmetry than I do. I use a sort of asymmetry that looks like symmetry, and occasionally I like to mislead people a little. They sometimes have to wonder why things are done in a particular way. There's nothing wrong with that. As long as it creates tension. As long as you don't spoil the space or the feeling of space or length, anything is possible. What I'm concerned with is making the experience as big as possible.

You see in all his houses that outdoor living is just as important to Pete as indoors. He makes a clear movement towards the outdoors. That's very nice for me as a garden designer. This outdoor orientation means that the garden often provides a frame for his rooms. We hardly ever actually confer with each other. He just calls out, 'This is where the swimming pool will be. No, there!' And then I say, 'It would be nice if it were over there,' but that's just about as far as it goes.'

Henny Huisman

Tv personality Henny Huisman woont met zijn gezin in het Noord-Hollandse Bakkum. Tijdens zijn succesvolle carrière bedacht hij ook een aantal tv formats, zoals de soundmixshow en de mini-playbackshow die in een groot aantal landen overgenomen werden.

Oostzaan, een doordeweekse ochtend in het altijd bedrijvige kantoor van Piet Boon. Henny Huisman gaat aan de andere kant van de grote eiken tafel zitten en steekt na een hartelijke handdruk meteen van wal. 'Mijn verhaal gaat niet over het huis, hoor. Ik heb behalve het huis iets heel anders aan onze samenwerking overgehouden. Iets dat voor mij véél belangrijker is!'

'Toen ik Piet de eerste keer belde, klonk hij door de telefoon heel enthousiast. Hij kende de plek waar we wilden bouwen. Zei meteen: "Dát is een mooie plek. Aan de rechterkant staat een hokje in zee. Ik zou het geweldig vinden om daar iets te bouwen!" Hij kende het dus ook écht, het was geen mooipraterij om te verkopen. "Hij klinkt heel enthousiast", zei ik tegen Lia. Maar ja, mijn vrouw is net zo nuchter als die van Piet: "Ja", kreeg ik terug, "dat is natuurlijk om jóu enthousiast te maken. Je weet wat het allemaal kost en hoe het er in die wereld aan toegaat." Het gebruikelijke vooroordeel over designers.

In het ontwerpvoorstel las ik kreten als 'ongeschilderd' en 'betonnen vloeren'; allemaal dingen waar ik nooit van had gehoord. Inmiddels ben ik helemaal bij als het om design gaat en de technische aspecten van een huis.
Je ziet aan de foto's van het huis dat het een familiehuis is, dat mijn twee dochters allebei een eigen plek hebben waar ze midden in de nacht een ei kunnen bakken zonder dat ik er last van heb. Er kunnen een hoop mensen in en – heel belangrijk – het is een huis geworden dat er ook lang nadat we er niet meer zijn, stáát voor mijn kinderen en kleinkinderen. Zodat ze kunnen zeggen: "Opa en oma hebben op Bonaire een heerlijk huis en je kunt er een heleboel mensen mee naartoe nemen."

The TV personality Henny Huisman lives with his family in the North Holland town of Bakkum. In the course of his successful career he has devised a number of TV programme formats, such as the sound-mix show (Stars in their Eyes) and the mini-playback show (Your Big Break), which have been adopted in a great many countries.

Oostzaan, an ordinary morning, busy as ever in Piet Boon's office. Henny Huisman sits down on the other side of the big oak table and after a hearty handshake immediately got started. 'It's not the house I want to talk about. Our cooperation has left me with something else apart from the house. Something I find much more important!'

'The first time I phoned Piet he sounded very enthusiastic over the phone. He knew the place where we wanted to build. He immediately said, 'That's a splendid spot. On the right there's a cabin in the sea. I would love to be able to build something there!' So he really did know it, it wasn't just salesman's smooth talk.'
'He sounds very enthusiastic,' I said to Lia. But then my wife is just as down to earth as Piet's. 'Yes,' she replied, 'That's to make you enthusiastic, of course. You know what it all costs and what things are like in that sector.'
The usual prejudice towards designers.

In the design proposal I read such catch-phrases as 'unpainted' and 'concrete floors'; all things I had never heard before. But now I am completely up to date when it comes to design and the technical aspects of a house.
You can see in the photos that it's a family house, and that our two daughters both have their own place where they can fry an egg in the middle of the night without disturbing us. It can accommodate a lot of people and – this is very important – it is a house that will still be there for my children and grandchildren long after we have gone. So they can say, 'Granny and grandad have a marvellous house on Bonaire and you can take a whole load of people there.'

In mijn leven heb ik maar een paar keer mensen ontmoet die mij echt hebben geïnspireerd. Eén daarvan is tv-producent Joop van den Ende. Van hem en zijn vrouw Janine heb ik zoveel geleerd. Anderen zijn adviseur Henk van Haaster en zijn vrouw Gonnie. Piet is voor mij ook weer zo iemand. En Karin, als zijn tegenpool, even zo goed. Als duo zijn ze onverslaanbaar. Ik betrap mezelf erop dat ik plotseling een knoopje los doe van mijn hemd, omdat hij dat ook doet. Dat ik ook een polsbandje draag, iets wat ik vroeger hoogst merkwaardig zou vinden. Zomaar ineens, helemaal uit het niets, zat ik te praten over een knopje en een laatje. Over een keuken, een lichtplan of een plafonnetje dat wel of niet verlaagd moest worden.

Ik dacht dat ik met Piet en Karin een soort designrelatie zou krijgen. Maar dat is het laatste wat het geworden is. Er is een vriendschap ontstaan die zo hecht is dat ik vorig jaar op Bonaire aan Piet heb gevraagd om voor Lia en mij een grafmonument te ontwerpen. "Dat is een beetje vroeg, daar wil ik nog even niet aan denken", zei hij, "maar ik maak 'm wel." Zoiets vraag je alleen aan iemand met wie je heel close bent. Over het grafmonument heeft hij het niet meer gehad. Behalve dat hij nog even liet weten dat hij allang weet hoe het eruit gaat zien. "Het wordt heel mooi, laat maar aan mij over." Ik denk dat het heel eenvoudig en rechttoe rechtaan wordt, loeisterk en niet kapot te krijgen, zoals alles wat hij maakt.

Achteraf – na alles wat we samen hebben beleefd – kan ik echt zeggen: het zijn oprechte mensen, het zijn mensen die 'kloppen'. Piet is ook altijd betrokken. Of het nu gaat om een huisje dat hij voor vluchtelingen bedenkt, of een groot project. Die gedrevenheid én het feit dat hij oprecht geïnteresseerd is in andere mensen, is een van zijn sterkste kanten.
De hele voorbereiding van het bouwproject, het proces was het leukste. Met Piet en Karin als vrienden praten is voor mij vele malen leuker dan nu op een van hun banken zitten. Die zit overigens wel hartstikke lekker. Uiteindelijk is het huis bijzaak geworden. De vriendschap en het enthousiasme zeggen me als het erop aan komt meer.'

Only a couple of times in my life have I met people who really inspired me. One is the TV producer Joop van den Ende. I have learnt so much from him and his wife Janine. Two others are my adviser Henk van Haaster and his wife Gonnie. And Piet is also one of them. And Karin, his absolute opposite, just as much. As a duo they are unbeatable. I catch myself suddenly opening a button of my shirt because he does that too. And the fact that I am wearing a wristband is something I would previously have found extremely odd. All of a sudden, for no reason at all, I was sitting talking about a knob and a drawer. About a kitchen, a light plan or a ceiling and whether it should be lowered or not.

I thought I would have a sort of design relationship with Piet and Karin. But that's not what happened at all. It turned into a friendship that is so close that last year on Bonaire I asked Piet to design a gravestone for Lia and me. 'It's a bit early for that, isn't it? I don't want to think about that quite yet,' he said, 'But I'll certainly make it.' You only ask someone very close to you for a thing like that. He hasn't mentioned the gravestone again. Apart from briefly letting on that he had already known for some time what it would look like. 'It will be really handsome, just leave it to me.' I think it will be very simple and straightforward, strong and idiot-proof, like everything he creates.

Looking back – after everything we have experienced together – I can truly say they are sincere people, people in whom everything fits. Piet is always involved too. Whether it's a small house he devises for refugees or a major project. This passion, plus the fact that he is genuinely interested in other people, is one of his strongest traits.
The nicest part of the building project was the whole preparation, the process. I find talking to Piet and Karin as friends is many times more pleasant than sitting on one of their sofas, though they are extremely comfortable too. In the end the house became a side-issue. When it comes down to it, the friendship and enthusiasm mean more to me.'

Henny Huisman

Kunstenares Rachel Lee Hovnanian woont en werkt in New York. De werken uit haar serie *Preservation of the Narcissus* sluiten wonderwel aan bij de verstilde sfeer van het door Piet Boon ontworpen appartement in New York. Haar tere, subtiele werken geven op indringende wijze de vergankelijkheid van schoonheid weer.

Rachel Lee Hovnanian over haar werk:

'Mooie, serene beelden hebben me altijd in vervoering gebracht. Dat kunnen afbeeldingen van mensen zijn, maar ook andere voorstellingen van zuivere, onaangetaste onderwerpen. Bloemen bezitten deze eigenschap en mensen soms ook. Ook een landschap kan pure, niet door mensenhanden beroerde schoonheid uitstralen. Die puurheid is een terugkerend thema in mijn werk.

Op een gegeven moment was ik bezig met een nieuw werk; een stilleven van een bloem die langzaam verwelkt en haar schoonheid verliest. Dit werk was de eerste van een nieuwe serie – het was mijn "transition painting". Ik bedacht hoe treurig het eigenlijk is dat we zo krampachtig proberen de schoonheid van bloemen te bewaren door er zakjes met chemicaliën aan toe te voegen zodat ze langer fris blijven. We voeden ze en geven ze elke dag vers water, de basis van alle leven. Op dat moment realiseerde ik me dat deze drang om bloemen levend en zo lang mogelijk mooi te houden, een universele behoefte is. Zodra bloemen verwelken reageren we erop door ze meteen weg te gooien; ze zijn niet langer geschikt om neer te zetten; we willen niet naar het proces van afsterven kijken.

Ik ben daarover gaan nadenken. Wij proberen schoonheid te bezitten en vast te houden. We hebben wassenbeeldenmusea ingericht met beelden van mooie mensen die we ons willen herinneren. Op deze manier bewaren we de essentie van de schoonheid zoals we die waarnemen. Princess Diana leeft niet meer, maar een deel van haar schoonheid blijft voor altijd bewaard, voor altijd gered in haar beeltenis van was. Dat is de reden waarom ik begon met het in was conserveren van de schoonheid van de Narcissus. De Narcissus verbeeldt zo goed de verbintenis tussen schoonheid en kwetsbaarheid. Vanaf het allereerste moment nadat je de bloem hebt geplukt, taant haar schoonheid.

In deze serie heb ik ook een aantal giclees gemaakt met als titel *Narcissus Satori*. "Satori" staat voor het ultieme hoogtepunt van schoonheid. Opmerkelijk, nog geen vijf minuten nadat ik mijn werk had voltooid, begon de schoonheid van de Narcissus te verbleken.

Het proces van fotografie is ideaal omdat het een absolute samenwerking tussen onderwerp en artiest vereist. De Narcissus werkt daaraan mee. In een poging over de bloem te waken terwijl deze fermenteert, bewaar ik de resten. Ik zeef het en maak inkt van het vocht. Deze inkt heb ik in mijn werken verwerkt waardoor de essentie van de bloem bewaard blijft.

Bij de olieverfschilderijen begin ik met het schilderen van de witte bloemen. Het zwart en de andere kleuren voeg ik later toe. Daarna breng ik weer één, of meerdere lagen met bloemen aan. Over een van de doeken heb ik twee jaar gedaan;

The artist Rachel Lee Hovnanian lives and works in New York City. The works in her *Preservation of the Narcissus* Series are well suited to the serene atmosphere of the apartment Piet Boon designed in New York. Her subtle works offer a penetrating portrait of the transience of beauty.

Rachel Lee Hovnanian here tells us about her work:

"I am enthralled by beautiful images, including pictures of people or obscure images of pure, isolated subjects. Flowers have this quality, as do the faces of people. So, too, can a landscape radiate pure beauty, untouched by human hand. This purity is a recurring theme in my work.

One day I was working on a new painting; the still life of a flower that was gradually wilting and losing its beauty. This work began a series for me – it was my 'transition painting'. I thought, we attempt to preserve the beauty of flowers in a vase by adding packets of chemicals to keep them looking fresh. We feed them, and every day give them fresh water, which is the basis of all life. At that moment I realized that this instinct to keep flowers alive and looking beautiful for as long as one can is universal. When a flower fades, our response is spontaneous: we toss the flowers away; they are no longer suitable to display; we do not want to observe the process of dying.

I started thinking about this. We try to possess and save beauty. In wax museums we display facsimiles of beautiful people we want to remember. In this way we preserve the immediacy of the beauty we perceive. Princess Diana is no longer alive, but some part of her beauty remains preserved, even rescued forever in wax. This is the reason I started conserving the beauty of the Narcissus in wax. The Narcissus illustrates so well the construct beauty/fragility. From the very moment the flower is harvested, it no longer possesses the fullness of its beauty. For this series I created giclees under the title *Narcissus Satori*. 'Satori' means the absolute peak of beauty. Notably, five minutes after I completed my setup work the beauty of the Narcissus faded.

The process of photography is ideal because it requires absolute collaboration between the subject and the artist. The Narcissus cooperates. In an attempt to maintain a vigil over the flower as it ferments, I keep the reserve, strain it, and make ink from the liquid. I incorporate the ink into my work, thus saving its very vitality.

In the oil paintings I start with white flowers. I add black and other colours only afterwards. After that I apply one or more layers of flowers. It took me two years to complete one of the canvases; there may be as many as thirty layers on it. The slow pace of this work is evidence of a real hesitation to discard the beautiful but fading narcissus.

This oil painting series is called *Memories of the Narcissus*. It examines the recollection process… how we remember people or flowers or landscapes. When you look at the Narcissus and then shut your eyes, the image you see on

er zitten misschien wel dertig lagen op. Het lage tempo waarin het doek werd gemaakt getuigt van een diepgewortelde aarzeling me van de mooie, maar verwelkende bloem te ontdoen.

Deze serie olieverfschilderijen heet *Memories of the Narcissus*. Het is een weergave van het proces van herinnering... het laat zien hoe we ons mensen, bloemen, of landschappen, herinneren. Als je naar de Narcissus kijkt en daarna de ogen sluit dan is het beeld op het netvlies de herinnering aan de bloem. Mensen vinden mijn werken "soulful" en dat is zoals het is bedoeld. Er zijn herinneringen die je in het diepst van je ziel bewaart. Het wit van de bloemen is rustgevend, een voorwaarde voor reflectie. De aanwezigheid van wit heelt ons.

In een hectisch bestaan vormen witte bloemen een rustpunt voor onze ogen. Dat kan de reden zijn waarom Piet – zelf kunstenaar – mijn werk zo goed aanvoelt. Hij begrijpt dat ogen die zoveel moeten opnemen een rustpunt nodig hebben.'

Piet Boon over Rachel Lee Hovnanian:

'Het was voor mij heel bijzonder een kunstenaar als Rachel Lee Hovnanian te ontdekken die op deze manier met was werkt. Haar werk spreekt Karin en mij zeer aan. Ik had wel eens objecten van was gezien, maar nog nooit iets als het werk van Rachel. Met zoveel diepgang, zo vol en zo rijk. Toen we ons meer in haar werk verdiepten, ontdekten we dat ze ook intensief met fotografie bezig is. Zo fotografeert ze haar kunstwerken om ze in giclees (fine art canvas) uit te kunnen geven. Haar werk is subtiel en straalt een enorme rust uit. Daarom zijn we ook heel blij dat een van haar werken dat bij ons thuis hangt.'

your retina is the memory of the flower. People find my works 'soulful' and that is how it should be. These are the memories you cherish in your soul. The whiteness of the flowers imparts tranquillity, the precursor to reflection. The presence of white restores us.

In a hectic life, white flowers provide a moment of rest for our eyes. That may be the reason Piet, who is himself an artist, empathizes with my work. He understands that eyes recording so much need a place to rest."

Piet Boon on Rachel Lee Hovnanian:

'It was a very special thing for me to discover an artist like Rachel Lee Hovnanian who uses wax in this way. Her work appeals to Karin and me very much. I had seen objects in wax before, but never anything like Rachel's work. With so much depth, so full and so rich. When we found out more about her work, we discovered that she was also intensively involved in photography.

She photographs her works so as to be able to publish them in the form of giclees (fine art canvases). Her work is subtle and radiates a tremendous serenity. Which is why we are very happy to have one of her works in our home.'

Working together enables you to draw
on each other's creativity

Door samen te werken kun je putten uit elkaars creativiteit

Bonaire

'Listen,' said the client, 'you said in the newspaper that you so much wanted to design a beach house. Well, that's what you can do for me.'

He wanted a 'cunucu house', a traditional Antillean country home. This sort of house is built as favourably as possible with regard to the wind direction, so it can be cooled naturally. This man – who according to Boon is an hospitable 'people person' – had another wish too: the house had to be big enough for him to take his two daughters with him with both their families.

The house comprises three separate flats with a view of the sea: two downstairs, mirror-images of each other, and one upstairs for the client and his wife. This was to be the ultimate Living Apart Together, so that the whole family can enjoy sitting altogether, but everyone also has a place of their own with plenty of privacy.

This modern version of the cunucu house is also built with the wind in mind. The wind blows right through the house so that the occupants can manage without air-conditioning, which adds to the atmosphere that any beach house built by Piet Boon should have.

So as to be able to spend as much time as possible outdoors, two large covered verandahs were built onto the house. The sun, which in the summer gradually descends into the sea, shines right through to the back of the house. The biggest swimming pool in the world – the sea – is right in front of the door. A small outdoor pool has been added to cool off in. While the grandchildren are playing safely in the shallow part, their parents and grandparents can sit on the broad rim with a glass of something cool. The gazebo built over the sea is a cool spot to laze around in on the generously-sized cushions that are brine- and sun-resistant.

'Luister', zei de opdrachtgever, 'je hebt in een krant geroepen dat je zo graag een beach house wilt ontwerpen. Dat mag je voor mij gaan doen.'

Hij wilde een 'cunucuhuis', een traditioneel Antilliaans landhuis. Een dergelijke woning wordt zo gunstig mogelijk ten opzichte van de windrichting gebouwd, zodat het huis op een natuurlijke manier kan worden gekoeld. De man – volgens Boon een gastvrij 'mensenmens' – had ook nog een andere wens: het huis moest zó groot zijn dat hij zijn twee dochters met hun gezin mee kon nemen.

Het huis bestaat uit drie afzonderlijke appartementen met uitzicht op zee: twee onderin, gespiegeld aan elkaar, en boven een etage voor de opdrachtgever en zijn vrouw. Het is de ultieme vorm van 'living apart together', een huis waar het hele gezin gezellig samen bij elkaar kan zitten, maar ook een eigen plek heeft met veel privacy.

Ook deze moderne versie van het traditionele cunucuhuis is op de wind gebouwd. De wind waait helemaal door het huis, zodat de bewoners het zonder airconditioning kunnen stellen, wat bijdraagt aan de sfeer die een beach house volgens Boon moet hebben.

Om zo veel mogelijk tijd buiten te kunnen doorbrengen, werden grote overdekte veranda's aan het huis gebouwd. De zon die 's zomers langzaam in de zee zakt, schijnt helemaal tot achter in het huis. Het grootste zwembad van de wereld – de zee – ligt vlak voor de deur. Om even af te koelen is een klein buitenbad bedacht. Terwijl de kleinkinderen in het ondiepe deel veilig spelen, kunnen hun (groot)ouders

Everything built right on the seafront suffers terribly from the salt-laden wind. But this has been taken into account. The house has been designed to be as environmentally friendly and maintenance free as possible. Paintwork was kept to a minimum by plastering the walls in colour. The wood – untreated oak and red cedar for the roof – will turn an attractive grey in the course of time, which is appropriate to the atmosphere of a beach house. As a reminder of the traditions of the island, part of the outdoor terraces have been made of locally manufactured discs of coral. They were inlaid in the mortar. In another part oak has been used, which has a warmer appearance. Plastered concrete has been used as a finish on the interior floors.

The interior was prepared in Oostzaan and sent to Bonaire in containers. Our own team of carpenters also went out there to install the furniture on the spot.

Like his family, this family man is happy with the result. The beach house is a place with space for all those close to his heart. And it's a very big heart.

---

op de brede rand zitten met een koel glas. De gazebo, boven de zee, is een koele plek om te luieren op de royale kussens die bestand zijn tegen het zilte water en de zon.

Alles wat direct aan zee gebouwd wordt, heeft enorm te lijden van de zoute wind. Daar is rekening mee gehouden. Het huis is zo onderhoudsvrij en gebruiksvriendelijk mogelijk ontworpen. Het schilderwerk werd tot een minimum beperkt door de muren op kleur te stuken. Het hout – onbehandeld eiken en red cedar voor het dak – zal in de loop van de tijd mooi vergrijzen, passend bij de sfeer van een beach house. Als herinnering aan de tradities van het eiland is een deel van de buitenterrassen gemaakt van lokaal gemaakte schijven koraal. Ze werden in de specie gelegd. Voor een ander deel is gebruikgemaakt van eiken, dat een warmere uitstraling heeft. Voor de afwerking van de binnenvloeren is gepleisterd beton gebruikt.

Het interieur dat in Oostzaan werd voorbereid, ging in containers naar Bonaire. De eigen timmerploeg ging daar ook heen om de meubels ter plekke te plaatsen.

De familieman is, evenals zijn gezin, gelukkig met het resultaat. Het beach house is een plek geworden waar plaats genoeg is voor iedereen die hij een warm hart toedraagt. En dat hart is heel groot.

After closing the front door behind them in the city, and driving for just twenty minutes, the occupants of this perfect holiday home in one of the loveliest water villages in Holland can kick off their shoes and settle down into the lazy furniture on their terrace. The village consists of small fingers of land and islands surrounded by the water of extensive lakes. Boats of every sort and size bob at the many jetties on both sides of the road. The narrowness of the through road forces you to drive slowly. This, the water and the little boats give the village its relaxed atmosphere.

From the road, the house can only be reached by a narrow path that first passes a couple of other houses. High hedges provide shelter and privacy.
When the clients realised that Piet Boon not only designs, but also builds, they – together with Paul Linse, who had created the design concept for the house –

contacted Boon to ask if he would do the building. Apart from the construction, elaborating on the design and deciding on the materials, Boon also took on the interior design.

The floor area of the house was not permitted to be more than a modest 60 square metres and the local authority also imposed strict requirements on its shape. Now, only the floor area reminds us of the limits set. The large glass walls mean that indoors and outdoors almost merge. The view from the living room and kitchen of the large green garden room with its robust lounge furniture and the garden gives the occupants that ultimate holiday feeling and enhances the spatial effect. It is visually linked vertically from the floor to the ridge of the roof by a void. This compact house is surprisingly complete. Each of the two children has

Twintig autominuten nadat ze in de stad de huisdeur achter zich hebben dichtgetrokken, kunnen de bewoners van dit volmaakte vakantiehuis in een van de mooiste Hollandse waterdorpen hun schoenen uitschoppen en zich op de loungemeubels van hun terras nestelen.
Het dorp bestaat uit kleine, door water omgeven landtongen en eilanden midden in uitgestrekte plassen. Aan de vele steigers aan weerskanten van de weg dobberen boten in alle soorten en maten. De smalle doorgaande weg noopt tot langzaam rijden. Dat, het water én de bootjes geven het dorp zijn ontspannen sfeer.

Vanaf de weg is het huis alleen bereikbaar via een smal pad dat eerst langs een paar andere huisjes voert. Hoge hagen zorgen voor beschutting en de nodige privacy.
Toen de opdrachtgevers zich realiseerden dat Piet Boon niet alleen ontwerpt, maar ook bouwt, klopten ze – samen met Paul Linse, die het ontwerpconcept van het huis had gemaakt – aan bij Boon met de vraag of hij de uitvoering op zich wilde nemen. Behalve de bouw, het uitdiepen van het ontwerp en het bepalen van het materiaalgebruik nam Boon ook de inrichting voor zijn rekening.

Het grondoppervlak van het huis mocht niet groter zijn dan een bescheiden 60 m² en ook aan de vorm stelde de gemeente strikte eisen. Alleen het grondoppervlak herinnert aan de gestelde limieten. Door de grote glaswanden lopen binnen en buiten bijna in elkaar over. Het uitzicht vanuit de woonkamer en

their own bedroom upstairs. There is a large master bedroom for the parents in the basement. By digging a cellar under the house, it gained a whole storey, so that all the occupants' requirements could be satisfied. A transparent boathouse in red cedar, quite exceptionally designed, was built for the fast Boesch – a classic wooden boat.

As a designer, Piet Boon's background as a builder gives him a head start. He has more of an eye for both the aesthetic aspects and the practical sides of the design than anyone else. His principal is 'We build what remains whole'. This includes the well-considered use of materials.
This practical approach came in handy for this project. By using a zinc roof, red cedar and steel frames, the house is virtually maintenance free.

The clients have got what they wanted from Boon: an agreeable spot close to their home in a large and busy city which they can get to very quickly with their family to enjoy nature, the quiet, and the water.

de keuken op de grote groene tuinkamer met de robuuste loungemeubels en de tuin zorgt voor het ultieme vakantiegevoel en versterkt het ruimtelijk effect. Een vide verbindt optisch de begane grond met de nok. Het compacte huis is verrassend compleet. De twee kinderen hebben boven ieder een eigen slaapkamer. In het souterrain is een grote master bedroom voor de ouders. Door het huis te onderkelderen, kreeg het er een hele verdieping bij, zodat aan alle woonwensen kon worden voldaan. Voor de snelle Boesch – een klassieke houten boot – werd een bijzonder vormgegeven transparant boothuis van red cedar gebouwd.

Zijn achtergrond als bouwer geeft Piet Boon als ontwerper een voorsprong. Als geen ander heeft hij zowel oog voor esthetische aspecten, als voor de praktische kanten van een ontwerp. 'Wij bouwen wat heel blijft', is zijn uitgangspunt. Doordacht materiaalgebruik hoort daar ook bij.
Die praktische instelling kwam bij dit project goed van pas. Door het gebruik van een zinken dak, red cedar en stalen kozijnen is het huis nagenoeg onderhoudsvrij.
De opdrachtgevers hebben gekregen waarvoor ze bij Boon kwamen: een aangename plek dicht bij hun huis in een grote drukke stad, waar ze met hun gezin snel naartoe kunnen om te genieten van de rust, de natuur en het water.

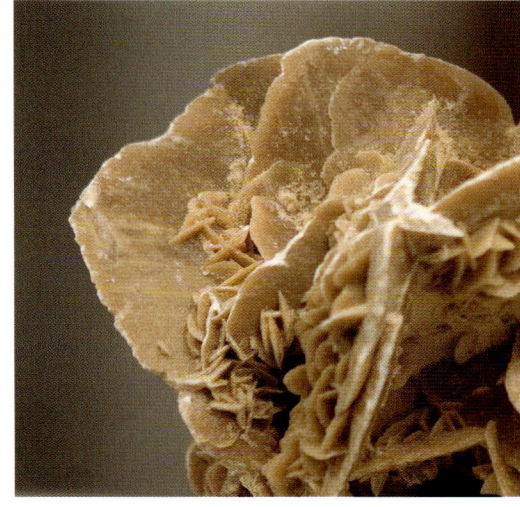

☐ IN PROGRESS

  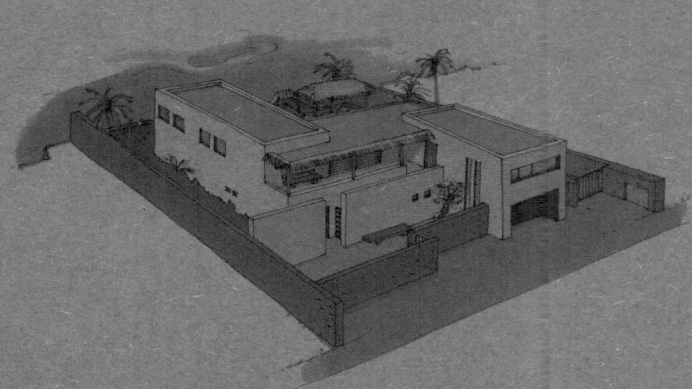

Bonaire

'Bonaire is zo heerlijk omdat je er nog in alle anonimiteit ongestoord kunt genieten van het leven. Vanuit Nederland is het maar acht uur vliegen. Altijd mooi weer en een azuurblauwe zee. Stap erin met een simpel snorkeltje en je waant je in het allermooiste aquarium. Omdat er altijd wind is, is de temperatuur aangenaam. De mensen spreken Nederlands. Zoals Henny Huisman zo mooi zei: "Het is Texel in de tropen."

Toen ik op Bonaire voor hem een huis bouwde, ben ik verliefd geworden op de mentaliteit van de Antillianen. Ik heb heel veel respect gekregen voor het tempo en het doorzettingsvermogen waarmee ze werken.

Wij bouwen daar nu voor onszelf een heel grafisch huis, vormtechnisch strak. Het krijgt een Caraïbische uitstraling door het dak van palmbladeren en het wordt op de wind gebouwd. Ook voor dit huis geldt dat het totale wonen zich buiten afspeelt. De mensen op Bonaire wonen buiten. Binnen wordt gekookt. De eetkamer is buiten evenals de woonkamer en heeft geen ramen, grote shutters remmen daar als het nodig is de wind iets af. Het hele huis wordt onderhoudsvrij en loeisterk gebouwd. Net als bij het beach house van Henny komt er een klein zwembadje bij om af te koelen. Maar in principe ligt het mooiste zwembad voor de deur. En ook hier bouwen we een fantastische gazebo waar je in de schaduw en in de wind heerlijk kunt uitrusten.'

'Bonaire is so wonderful because you can enjoy life there undisturbed and in total anonymity. It's only an eight-hour flight from the Netherlands. It's always good weather and there's an azure-blue sea. Walk into it with a simple snorkel and you can imagine yourself in the most beautiful aquarium. And as there is always wind, the temperature is pleasant. What's more, the people speak Dutch. As Henny Huisman put it so tellingly, 'It's Texel in the Tropics'.

When I built a house for him on Bonaire, I fell in love with the Antillean mentality. I learnt a great deal of respect for the tempo and perseverance with which they work.

We are now building a very 'graphic' house for ourselves there, using quite austere forms. The palm-leaf roof will give it a Caribbean look and it is built with the wind in mind. In this house too, daily life takes place entirely outdoors. The people on Bonaire live outdoors. Indoors is for cooking. The dining room is outdoors, like the living room, and neither has windows. Large shutters keep the wind out if necessary. The whole house is built for no-maintenance and to be idiot-proof. Just like Henny's beach house, there will be a small swimming pool to cool off in. But actually the most beautiful possible swimming pool is right in front of the door. And there too we are building a fantastic gazebo where you can rest delightfully in the shade and wind.'

BeeBoard – gelaagd karton met een honingraatstructuur – wordt voornamelijk in de industrie en als verpakkingsmateriaal gebruikt. Producent Besin benaderde Piet Boon met het verzoek nieuwe toepassingsmogelijkheden te bedenken.

Het eerste project waarin Boon mogelijkheden zag voor de toepassing van BeeBoard, was een mobiel huis voor de Stichting Vluchteling.

'Er zijn 37 miljóen vluchtelingen in de wereld', zegt Boon met nadruk op het gigantische aantal. 'Onvoorstelbaar. We vonden het geweldig om aan zo'n opdracht te mogen werken. Om iets te ontwerpen dat simpel én goed is. Zo kregen we tegelijkertijd de kans om te laten zien dat we niet alleen voor welgestelden werken, maar ons ook kunnen verplaatsen in mensen die helemaal niets hebben. We ontwierpen zeskantige huisjes die je op oneindig veel manieren aan elkaar kunt koppelen. Het karton werd zó bewerkt dat het tegen regen kan. Door de honing-raatstructuur is het niet alleen heel sterk, maar het heeft ook een hoog isolerende werking, waardoor zowel kou als warmte worden geweerd. We hebben er allemaal handjes op gestempeld: ons symbool voor 'een handje helpen'.

Inmiddels heeft Piet Boon een hele nieuwe visie ontwikkeld op BeeBoard. Het materiaal bleek verrassend veel positieve eigenschappen te hebben. Het is niet alleen licht en heel sterk, het laat zich ook gemakkelijk verwerken, is goedkoop en – heel belangrijk – het is milieuvriendelijk. Een ware bron van inspiratie voor Boon. Na het vluchtelingenhuisje ontwierp hij onder meer een meubellijn en displays voor de showroom van Nudie Jeans en de montage studio's van Eyeworks.

BeeBoard – layered cardboard with a honeycomb structure – is used mainly in industry and as a packaging material. Besin, its manufacturer, approached Piet Boon and asked him to think up some new applications.

The first such project was a mobile house for the Refugee Foundation.

'There are thirty-seven million refugees in the world,' says Boon with emphasis on the huge number. 'Incredible. We thought it was great to be able to work on a job like this. To design something that is both simple and good. It also gives us the chance to show that we don't work only for the well-off, but can also put ourselves in the position of people who have nothing at all. We designed a hexagonal house that you can link together in an infinite number of ways. The cardboard was treated so that it is rainproof. The honeycomb structure makes it not only strong but gives it good insulating qualities too, so that it keeps out both heat *and* cold. We printed hands all over them; it's our symbol for 'giving a helping hand'.

In the meantime Piet Boon has developed a completely new view of BeeBoard. The material turned out to have a surprising number of positive qualities. Not only is it light and very strong, but it is also easy to work, cheap and – very importantly – environmentally friendly. A genuine source of inspiration for Boon. After the refugee's house he designed a range of furniture and displays for the Nudie Jeans showroom and Eyeworks' avid studios.

Range Rover

Voor elke ontwerper die niet alleen geïnteresseerd is in wat zich onder de motorkap afspeelt maar vooral ook in het design, is een opdracht om een auto te ontwerpen een droom. Dat geldt zeker ook voor Piet Boon.

'Het is voor mij een grote eer om een genummerde limited edition van een Range Rover te mogen ontwerpen. Ik ben in Engeland in de designfabriek geweest en heb met de ontwerper van de auto door de studio gelopen. Fantastisch om te mogen kijken naar de prototypes van auto's die over een paar jaar op de markt komen. Ik was ontzettend onder de indruk toen ik zag waar deze mensen zich allemaal mee bezighouden, wat ze uittesten, hoe zij in zo'n auto zitten en waarmee ze allemaal rekening houden. Ze vragen zich niet alleen af hoe de gebruiker straks de auto ervaart, ze houden zich natuurlijk ook volop bezig met veiligheidsaspecten; het is helemaal mijn wereld.

Ik zie het als een onderscheiding dat ik mee mag kijken. Ik stel me daarin wel met gepaste eerbied op. Voor mij is het toch zo dat ik me meng in een ontwerp waar anderen al jaren mee bezig zijn. Dan moet het niet zo zijn dat Piet Boon uit Oostzaan even langskomt om te vertellen wat hij wil veranderen. We weten het natuurlijk nooit beter dan Range Rover. Uiteindelijk blijft de limited edition een echte Range Rover, maar wel één met een Piet Boon-look die je terugvindt in de detaillering. Die moet je zoeken in de strips, er komt wat geborsteld aluminium in en misschien veranderen we de vorm van de uitlaat. De buitenkant wordt wellicht een beetje bonkiger, zodat je meteen denkt: "Hé, dat is zo'n limited edition van PB." Een limited edition is ook om een andere reden geweldig, want op is op!'

For every designer who is interested not only in what goes on under the bonnet of a car, but also, and above all, in how it looks, the opportunity to design a car is a dream. This is certainly the case for Piet Boon.

'I find it a great honour to be able to design a limited edition of the Range Rover. I went to the design works in England and went around the studio with the car's designer. It was fantastic to be able to look at the prototypes of cars that will be on the market in a few years. It made a great impression on me when I saw all the things these people are involved in, the things they test out, the way they sit in one of the cars and all the things they take into account. Not only do they wonder how the user will experience the car, but they also have to be very much concerned with safety; that's really my world.

I consider it a distinction to be able to join them in looking at these matters. I approached it with suitable respect. After all, I'm getting involved in a design on which others have already been working for years. That means that Piet Boon from Oostzaan can't just come along and tell them what he wants changed. We shall of course never know better than Range Rover.

The limited edition is in the end still a real Range Rover, but it does have a Piet Boon look about it that is to be found in the details. You will have to look for them in the strips, and there will also be some brushed aluminium and perhaps we will change the shape of the exhaust. The outside will probably be a little more angular, so that you immediately think 'Oh, that's one of those limited editions by PB'. A limited edition is great for another reason too, because sold out is sold out!'

Our work is constantly In Progress;
we are always eager for new possibilities

Wij blijven voortdurend In Progress, constant nieuwsgierig naar nieuwe mogelijkheden

Blaricum

This villa is concealed amidst the greenery of a typical village in the Gooi area. The owner asked Piet Boon to make an all-inclusive design for the house and its interior. Apart from specific wishes for a family of young children she also wanted suitable accommodation for her horses and a horsebox.

There had once been a small factory on this site. Its demolition left a marvellous space surrounded by trees in the village, whose unique location provides perfect privacy and peace. Piet Boon designed a drive with stables alongside. So when you enter the grounds the first thing you see is the friendly scene of horses inquisitively sticking their heads out. The main reason they are positioned here is to shield the house behind them from view. The path curls around the stables and ends up at the house.

The style of the house – a thatched villa – fits the local vernacular, but is slightly more modern in construction. The thatch is trimmed more sharply and made more angular.

The house is built in a U-shape. This made it possible, in several places, to create agreeable spots for the owners to sit when the weather is not at its best. Either on the courtyard or, at the end of the day, on the verandah attached to the kitchen. Both the verandah and the courtyard have fireplaces.
The sturdy outdoor furniture in indestructible oak and the weatherproof cushions were made in Boon's own workshops. For the verandah he chose furniture from his *Piet Boon Zone* range.

Deze villa ligt verscholen tussen het groen in een karakteristiek dorp in het Gooi. De eigenaresse vroeg Piet Boon een totaalontwerp voor huis en interieur te maken. Behalve specifieke woonwensen voor haar gezin met jonge kinderen wilde ze ook een passende behuizing van haar paarden en een paardenbak.

Op het terrein heeft ooit een fabriekje gestaan. Na de sloop bleef een prachtige door bomen omgeven plek in het dorp over, die door de unieke ligging optimale privacy en rust biedt. Piet Boon bedacht een oprijlaan met een paardenstal ernaast. Wie het erf oprijdt, ziet zo allereerst het vriendelijke beeld van paarden die nieuwsgierig hun hoofden naar buiten steken. De paardenstal neemt in eerste instantie het zicht op het woonhuis erachter weg. Het pad slingert om de stal en eindigt bij het huis.
De stijl van de woning – een rietgedekte villa – past in de stijl van de streek, maar is net een tikje moderner uitgevoerd. Het riet werd scherper geschoren en wat hoekiger gemaakt.

Het huis is gebouwd in een U-vorm. Hierdoor was het mogelijk om op verschillende plaatsen plekken te creëren waar de bewoners prettig kunnen zitten, ook als het weer niet optimaal is. Op de binnenplaats of – aan het einde van de dag – op de veranda die aan de keuken is geplaatst. Zowel de veranda als de binnenplaats kregen een open haard.
Het robuuste buitenmeubilair van onverwoestbaar eiken en weerbestendige kussens werd in de eigen werkplaats van Boon gemaakt. Voor de veranda zijn meubels uit de meubellijn *Piet Boon Zone* gebruikt.

Two generous axes run through the ground floor. One from the front door straight to the courtyard and the other to the right from the hall towards the study and left towards the living room. The living room adjoins the kitchen and behind the study a passage leads to the swimming pool. This is a pleasantly light area with loungers, a steam shower and a small pantry.

The first floor houses the children's bedrooms and bathrooms. The large, light master bedroom has an open hearth. The passage leads to the dressing room, with a custom-made bench in which the owner can keep her boots, and then to the bathroom.

The cellar has space for several cars, the extensive technical installations and the swimming pool, the home cinema, wine cellar, guest accommodation and storage.

The villa has every possible luxury and state-of-the-art technical equipment. Yet this hidden paradise has the appeal of a warm and friendly house. It was designed for people with young children. They can swim, romp endlessly in the garden, build tree-houses and ride horses. And even the quadrupeds are happy with their own Boon house.

Op de begane grond lopen twee royale assen. De ene vanaf de voordeur direct naar de binnenplaats. De andere vanuit de hal rechts naar de studeerkamer en links naar de woonkamer. De woonkamer sluit aan bij de keuken. Achter de studeerkamer leidt een gang naar het zwembad, een aangename lichte ruimte met rustbedden, een stoomdouche en kleine pantry.

Op de eerste verdieping zijn de kinderslaapkamers en badkamers gesitueerd. De grote lichte master bedroom heeft een open haard. De doorloop leidt naar de kastenkamer met een op maat gemaakte bank waarin de eigenaresse haar laarzen kan opbergen en naar de badkamer.

De kelder biedt plaats aan een aantal auto's, de uitgebreide technische installatie van het huis en aan het zwembad, de huisbioscoop, de wijnkelder, het gastenverblijf en opslag.

De villa is voorzien van alle denkbare luxe en 'state of the art' techniek. Toch heeft dit verscholen paradijs de uitstraling van een warm en vriendelijk huis. Het is bedacht voor mensen met jonge kinderen. Ze kunnen zwemmen, eindeloos ravotten in de tuin, boomhutten bouwen en paardrijden. En ook de viervoeters zijn tevreden met hun eigen Boon-huis.

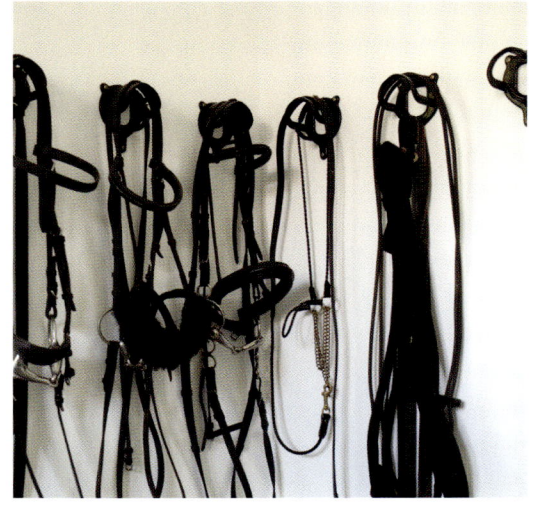

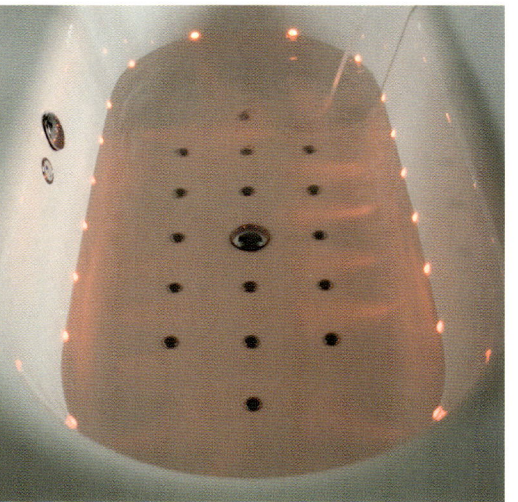

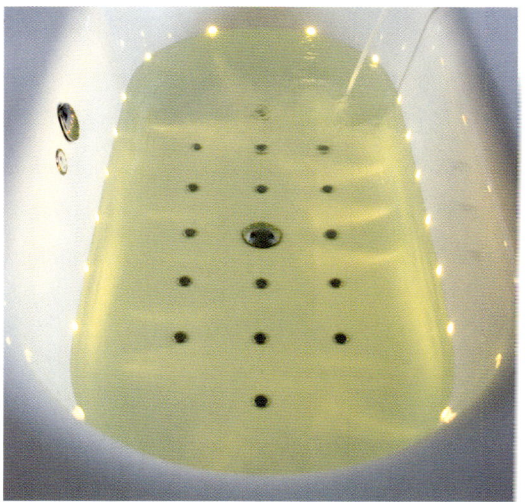

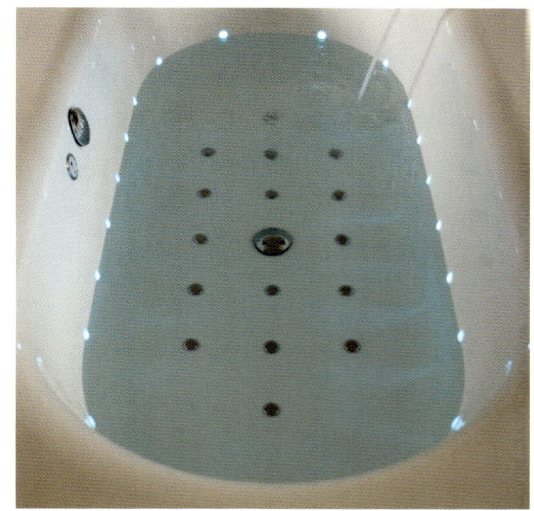

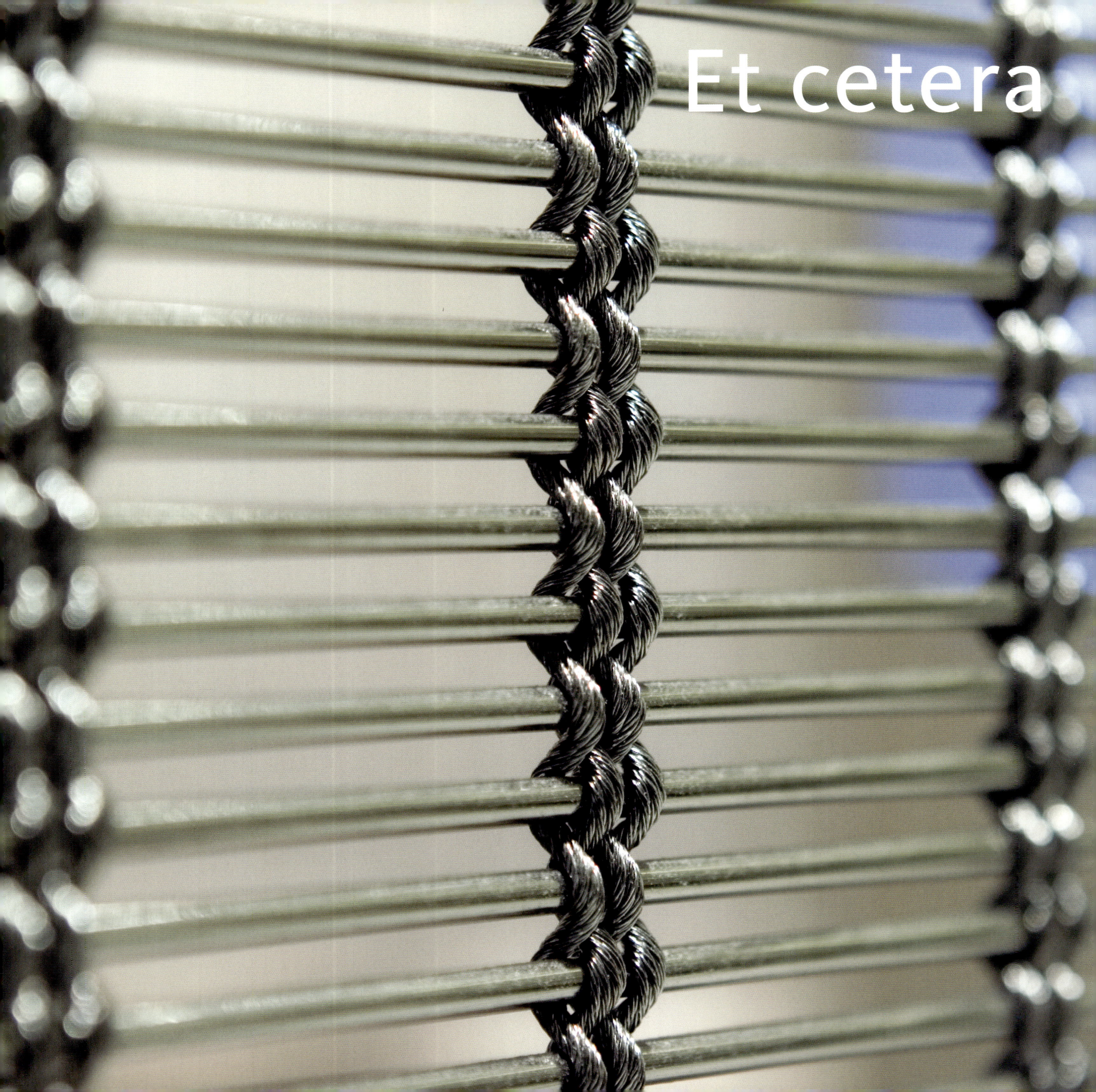

Et cetera

'In this chapter we would like to turn the spotlight on a number of individual projects.

The first kitchens we made were part of the reason we became so well known in the first few years. Kitchens are now one of our specialities. The kitchen is a room with which we ourselves have a great affinity. It is a place that must above all be functional, of course, but experience shows that it is also an important living space. In fact for many people it is the most important one, the warm heart of the home. We are showing several examples of kitchens made to measure. They are all different because the clients had differing requirements. Yet they are all three typical Boon kitchens.

Our designs not only have to be durable, but also have to stand the test of time. The notion of 'timelessness' is one of the basic principles we have in mind when designing. Our houses and interiors last a long time and effortlessly adapt to changing domestic atmospheres. They are intended to age with style and to gain in character over the years. A good example of this is the Vintage house.

In recent years we have also been increasingly involved in the fitting and furnishing of offices. In each case we find it a challenge to give a certain intimacy and comfort to spaces that are also the company's showcase, and must therefore also radiate thorough professionalism. This is important for visitors, but equally so for the staff.'

'In dit hoofdstuk willen we een aantal projecten apart belichten. De eerste keukens die we maakten zijn er mede de reden van dat we in onze beginjaren veel bekendheid kregen. Inmiddels zijn keukens een van onze specialiteiten. Het is een ruimte waar we zelf veel affiniteit mee hebben. Natuurlijk is het een plek die vooral functioneel moet zijn, maar de ervaring leert dat het ook een belangrijke leefruimte is. Voor veel mensen zelfs dé belangrijkste ruimte, het warm kloppend hart van het huis. Wij laten hier voorbeelden van maatkeukens zien. Het zijn drie heel verschillende keukens geworden, omdat de opdrachtgevers verschillende wensen hadden. Toch zijn het alledrie typische Boon-keukens geworden.

Onze ontwerpen moeten niet alleen duurzaam zijn, maar ook moeiteloos de tand des tijds kunnen doorstaan. Het begrip 'tijdloos' is voor ons een van de basisprincipes en uitgangspunten bij het ontwerpen. Onze huizen en interieurs gaan lang mee en passen zich moeiteloos aan veranderende woonsferen aan. Het is de bedoeling dat ze in de loop van de jaren stijlvol verouderen en nog meer karakter krijgen. Het Vintage huis is daar een goed voorbeeld van.

De laatste jaren worden we ook steeds vaker betrokken bij de invulling van kantoren. Het is voor ons telkens weer een uitdaging om ruimten die enerzijds het visitekaartje zijn van het bedrijf – en daardoor ook een hoge mate van professionaliteit moeten uitstralen – tegelijkertijd intimiteit en behaaglijkheid mee te geven. Dat is niet alleen belangrijk voor de bezoekers, maar net zo goed voor de gebruikers.'

'The kitchens we make are sturdy, durable and above all very user-friendly. We usually use oak combined with marble, bluestone or terrazzo. Oak is ideal because it retains its appeal even if it is painted or treated. But we use other sorts of wood too. For one of our most recent designs we used walnut. The clients had already been to see us but at that time had chosen another kitchen. Now, five years later, they came back to us because this time they wanted one of our kitchens for their new house. In the end they went for a combination of sturdy and warm.

The kitchen is one of the most important living spaces in a house. That's why we try to make it as snug as we can. If at all possible we like to install an open fireplace and a big table with comfortable chairs where, if you want to, you can sit with the whole family for hours talking or having a drink.

We first became known for our kitchens. 'You make kitchens, don't you?' was what they always said. Even if we had done the whole house, it was only the kitchen they took pictures of. I myself really love kitchens. When I get home in the evening and sit in my kitchen, I have absolutely no desire to go out anymore. What you see there is not design, but feeling!'

KEUKENS

'De keukens die wij maken zijn stoer, duurzaam en vooral heel gebruiksvriendelijk. Meestal gebruiken we eiken in combinatie met marmer, hardsteen of terrazzo. Eiken is ideaal omdat het, zelfs als het geschilderd is of een bewerking heeft ondergaan, zijn uitstraling behoudt.

Toch werken we ook wel met andere houtsoorten. Zo hebben we voor een van onze nieuwste ontwerpen notenhout gebruikt. De opdrachtgevers waren al eens bij ons geweest en hadden toen voor een andere keuken gekozen. Nu, vijf jaar later, kwamen ze weer bij ons terecht omdat ze in hun nieuwe huis tóch een keuken van ons wilden hebben. Uiteindelijk vielen ze voor de combinatie van stoer en warm.

Een keuken is een van de belangrijkste leefruimten in een huis. Daarom proberen we het zo behaaglijk mogelijk te maken. Als het even kan, plaatsen we er een open haard en komt er een grote tafel met comfortabele stoelen waar je met de hele familie en vrienden, als je dat wilt, urenlang kunt natafelen of een glas kunt drinken.

Wij zijn ooit bekend geworden met onze keukens. "Jij maakt toch keukens?", hoorde ik vroeger altijd. Hadden we een heel huis gemaakt, was alleen de keuken gefotografeerd. Ik hou zelf enorm van keukens. Als ik 's avonds thuis kom en in mijn keuken zit, heb ik helemaal geen behoefte om de deur uit te gaan. Wat je ziet is geen design, maar gevoel!'

The client lives in a superb nineteen-twenties villa in a large town. For his work at the top of the fashion business, he travels the world in search of the latest washes and applications of fabric. Whether it be *haute couture* or modern style, design is his absolute passion. The interiors of the hotels he stays in on his travels are a source of inspiration. In Oostzaan the telephone regularly brings enthusiastic calls from exotic places, from where he wants to tell Piet Boon about designs found in exceptional locations. 'This man has building work done for its own sake,' says Piet Boon with a broad grin. 'He loves it when there are Piet Boon vans in his drive. We became friends during conversion work in his house and I have acquired a great deal of respect for everything he takes on.'

The original design of the house is very effective. In the conversion, the rooms were divided differently but its character was retained. Two large living spaces were created downstairs. A superb living room for listening to music and a dining room that runs into a simple, restrained open kitchen in oak and bluestone. Between the two is a room that looks out on the town garden. A room for the children has been made in an extension. The space is used intensively. The children can work there at a large desk, or else watch television and play games. 'The whole house has been converted gradually in several stages. Just a little piece at a time, because he feels at his best when building workers are in the house,' Boon suggests with amusement.

VINTAGE

De opdrachtgever bewoont een prachtige twintigerjaren villa in een grote stad. Voor zijn werk – de top op modegebied – reist hij de hele wereld over op zoek naar de nieuwste wassingen van en toepassingen voor stoffen. Of het nu om haute couture of vormgeving gaat, design is zijn absolute passie. De interieurs van de hotels die hij op zijn reizen aandoet, zijn voor hem een bron van inspiratie. Regelmatig gaat in Oostzaan de telefoon en meldt hij zich enthousiast vanuit een exotisch oord om Fiet Boon te vertellen over de vormgeving van bijzondere locaties.

'Deze man verbouwt om het verbouwen', vertelt Piet Boon met een brede grijns. 'Hij geniet als er Piet Boon-busjes op zijn oprit staan. Tijdens de verbouwingen aan zijn huis zijn we vrienden geworden en heb ik heel veel respect gekregen voor alles wat hij onderneemt.'

Het oorspronkelijke ontwerp van het huis is krachtig. Met behoud van karakter kreeg het bij de verbouwingen een andere indeling. Beneden werden twee grote leefruimten gecreëerd. Een mooie woonkamer waar naar muziek geluisterd kan worden en een eetkamer die overloopt in een simpele, strakke open keuken van eiken en hardsteen. Daar tussenin is een ruimte die uitziet op de stadstuin. In een uitbouw is een kamer gemaakt voor de kinderen. De ruimte wordt intensief gebruikt. De kinderen kunnen er aan een groot bureau werken, maar ze kunnen er ook televisie kijken en spelletjes doen.

The occupants – hospitable people who enjoy entertaining – are very happy with the result: a warm family house. The client considers past and present to have been splendidly interwoven. He thinks that the designer not only listened properly to their wishes but also harmonised the character of the house with the people who live there. It is demonstrably in the Piet Boon style, while, by making an obvious contribution of their own, the occupants have also been able to introduce their own feelings.

The conversion was completed several years ago and as the occupant fondly says, it is 'almost vintage'. Like every Boon design, it has become increasingly appealing and lived-in over the years.

'Het hele huis is geleidelijk, in een aantal fasen verbouwd. Elke keer een klein stukje, omdat hij zich toch op z'n best voelt met bouwvakkers over de vloer', oppert Boon geamuseerd.

De bewoners – gastvrije mensen die van reuring houden – zijn heel tevreden met het resultaat: een warm familiehuis. Heden en verleden zijn volgens de opdrachtgever prachtig met elkaar verweven. De ontwerper heeft, vindt hij, niet alleen goed naar hun woonwensen geluisterd, maar ook het karakter van het huis en de mensen die er wonen met elkaar in harmonie gebracht. Het heeft een aanwijsbare Piet Boon-signatuur gekregen, terwijl de bewoners er door een duidelijk eigen inbreng ook hun gevoel in hebben kunnen leggen.

De verbouwing is alweer een aantal jaren geleden voltooid en het interieur is zoals de bewoner liefkozend zegt 'bijna vintage'. Het is zoals bij elk ontwerp van Boon, in de loop der jaren steeds mooier en doorleefder geworden.

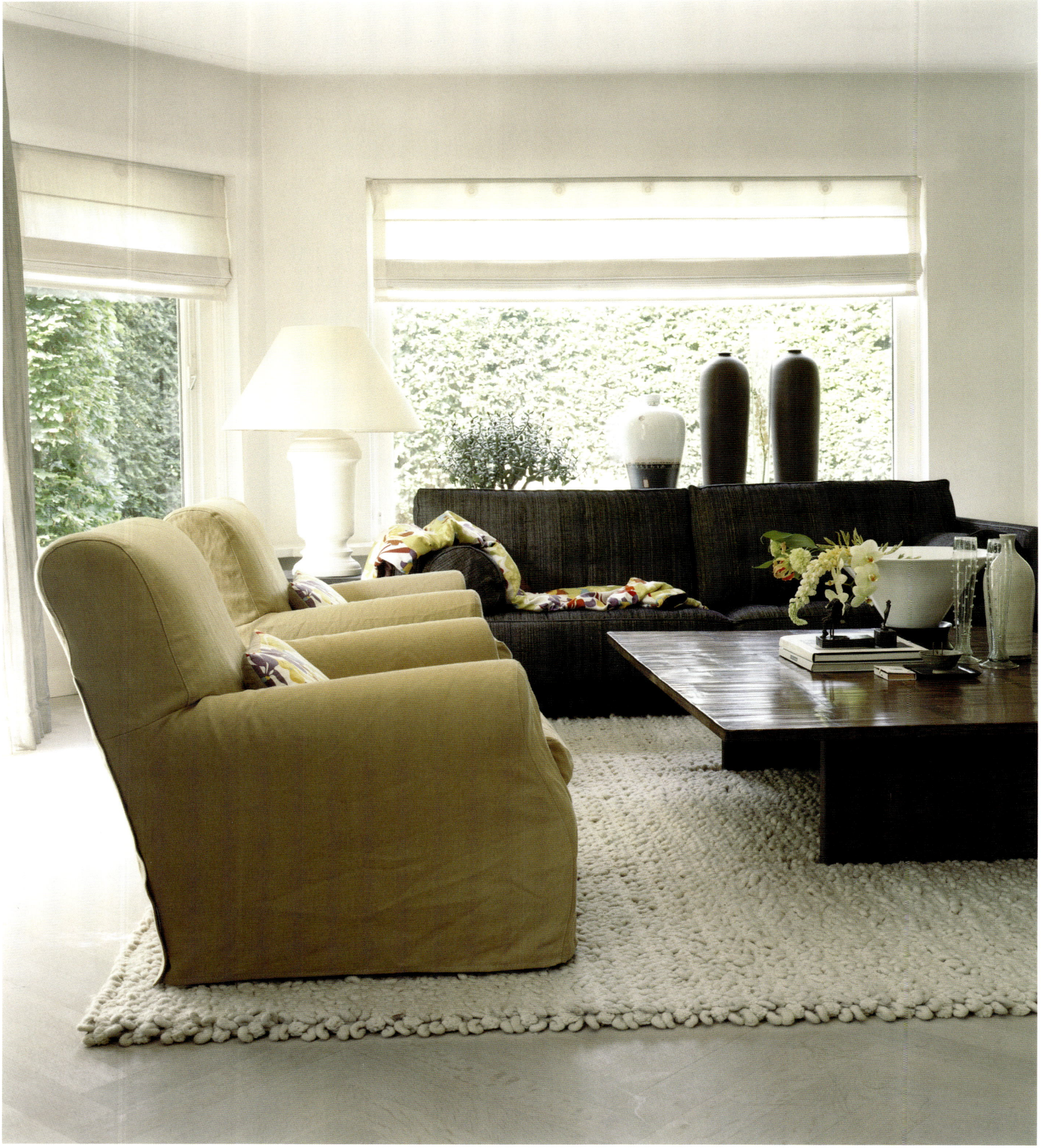

'When you visit an office, the first thing you see is the entrance hall and the reception desk. This first introduction is the business-person's showcase. When we are commissioned to do this sort of project, we try to give the reception area a certain allure, a chic appeal that is impressive, but not in the wrong way. It's allure, but with a low threshold and no airs.

These principles apply not only to small offices, but to large spaces too, where you have to cope with a huge rush of people every day. I'll give two examples.

We designed an office for property developers in half of an old villa. Their clientele is extremely varied and so we created an environment in which everyone feels at home. This is in the first place important for the employers. They have been given a kitchen where they can have lunch with business contacts undisturbed. There is a cosy area with an open fire and Flexform chairs where they can talk in a relaxed setting.

The partners are bon viveurs, like plenty of atmosphere and enjoy a glass of good wine. How can you drink that in an office? The way their office is designed, you are not surprised to see them drinking wine at their desks. The spaces are divided up so they are linked together but also offer a degree of privacy.

At Schiphol, the office of a large company has its reception in a big public area. Our job was to create a recognisable reception and entrance in this space. We wanted to build an open reception desk. Because it is a public area, we made a

KANTOREN

'Bij een kantoor is de hal met balie of de receptie het eerste dat je als bezoeker ziet. Die eerste kennismaking is voor de ondernemer een visitekaartje. Krijgen wij een opdracht voor zo'n project, dan proberen we de ontvangstruimte een zekere allure, een chique uitstraling te geven die niet op een verkeerde manier imponeert. Allure, maar dan wel laagdrempelig en zonder kapsones.

Die uitgangspunten gaan niet alleen op voor kleine kantoren, ze gelden ook voor grote ruimten waar je elke dag een enorme toeloop van mensen moet verwerken. Twee voorbeelden.

In de helft van een oude villa hebben we voor vastgoedbeleggers een kantoor ontworpen. Hun klantenkring is heel divers en daarom hebben we een omgeving gecreëerd waarin iedereen zich thuis voelt. Dat is in de eerste plaats belangrijk voor de werkgevers. Ze hebben een keuken gekregen waar ze ongestoord met zakelijke relaties kunnen lunchen. Er is een gezellige ruimte met een open haard en Flexform-stoeltjes, waar ze in een ontspannen sfeer kunnen praten.

De vennoten zijn levensgenieters, houden van sfeer en een mooi glas wijn. Hoe je dat drinkt op kantoor? In een kantoor dat zo is vormgegeven, kijk je niet vreemd op als je ze achter hun bureau wijn ziet drinken. De ruimten zijn zo verdeeld dat ze enerzijds bij elkaar zijn betrokken, maar anderzijds ook een stukje privacy bieden.

screen in stainless steel mesh with big pivoted doors that are open during the day and can be closed at night. We slightly raised the floor that leads to the reception desk and made it project invitingly through the screen, in which we had incorporated a very large illuminated company logo.

The nature of the company means that visitors usually have to wait a while before they advance any further. For this there are low, comfortable seats or the lowered table with reading matter, where they can also do a little more work. The curtain, through which really lovely light shines down, helps create a warm atmosphere. The atmosphere in the CEO and CFO's workrooms elsewhere in the building is a repetition of that downstairs. If you arrive at the reception desk and carry on further, you recognise a part of what you had seen before. These people really have to work, until very late in the evening. We took this into account. But we also tried to create a warm and relaxed atmosphere, since these people may well spend more time in their place of work than at home. We attended a meet & greet where, after a strenuous meeting, they can relax in the low seats from the Piet Boon Zone or standing at a table. The company's CEO is charmed by the atmosphere of luxury spas. He had this in mind for his office and I think we succeeded quite well.'

Op Schiphol heeft het kantoor van een grote firma een balie in een grote openbare ruimte. Aan ons de taak om in die ruimte een herkenbare receptie en entree te creëren.

Wij wilden graag een open balie maken. Omdat het een openbare ruimte is, hebben we een scherm gemaakt van RVS-gaas met grote taatsende deuren die overdag open staan en 's avonds kunnen worden afgesloten. De vloer die naar de balie loopt, hebben we iets verhoogd en steekt uitnodigend door het scherm waarin heel groot het verlichte logo van de organisatie is verwerkt. De aard van het bedrijf brengt met zich mee dat bezoekers meestal even moeten wachten voor ze verder kunnen. Dat kunnen ze doen in gemakkelijke lage stoelen of aan de verlaagde tafel met lectuur, waar ze ook nog even kunnen werken. Het gordijn waarlangs heel mooi licht naar beneden valt, draagt bij aan de warme sfeer.

De sfeer in de werkkamers van de CEO en CFO elders in het pand, is een herhaling van beneden. Als je bij de receptie aankomt en doorloopt, herken je een stukje van wat je eerder hebt gezien. Deze mensen moeten écht werken, tot 's avonds heel erg laat. Daarmee hebben we rekening gehouden. Maar we hebben ook geprobeerd een warme relaxte sfeer te creëren, omdat de mensen in hun werkvertrekken misschien wel meer tijd doorbrengen dan thuis. We hebben een 'meet & greet' gemaakt waar ze na een zware vergadering kunnen ontspannen.

De CEO van het bedrijf is heel erg gecharmeerd van de sfeer van luxe spa's. Die sfeer had hij voor zijn kantoor voor ogen en ik denk dat we daar goed in zijn geslaagd.'

Bonaire

HIP Hoopman Interior Projects: gebloemde stof en stof met bladdessin T +31 (0)20 345 8447

Baden Baden: badkameraccessoires en handdoeken T +31 (0)20 531 8418

Cotton & Silk: oranje quilt T +31(0)70 345 1719

Nijhof: kokosnootkaarsen T +31 (0)35 548 6111

Sissy-Boy Homeland: koraalkaarsen T +31 (0)251 361 300

Blaricum

Frank's Flowers: alle bloemen en planten T +31 (0)20 662 9780

Gucci: beer T +31 (0)20 662 5184

GwendoLino: beddegoed, kussens, dekbedden T +32 (0)32 184 441

Nijhof: groene vaas, bruine vaas, zwarte badeend

Baden Baden: badaccessoires, suède doos, springbokplateau

Mirjam Franken: witte papier-mâché borden T +31 (0)30 273 2845

Cornelis Johannes: roze kussen, roze sjaal, stoel bekleed met roze vacht T +31 (0)20 616 0184

Prades: kussens, bontkleed wit, bontkleed bruin T +31 (0)55 521 8948

Vinkeveen

Koninklijke Tichelaar: treeft met vissen T +31 (0)515 231 341

Baden Baden: badkameraccessoires

Frank's Flowers: alle planten en bloemen

Aalsmeer

Nijhof: oranje tuinvaas, kussens, grote witte kandelaar

Baden Baden: badkameraccessoires, leren doos

Frank's Flowers: alle bloemen en planten

Cotton & Silk: bleekroze zijden sprei

Rotterdam

Koninklijke Tichelaar: Makkumer aardewerk, zilver, kussens

GwendoLino: beddegoed, kussens, dekbedden

Brechtje Olsthoorn Interiors: handgeborduurd tafelkleed T +31 (0)72 589 4436

Pol's Potten: gouden kaarsen T +31 (0)20 419 3541

Hellen van Berkel: gedessineerde sjaals www.hellenvanberkel.nl

Baden Baden: badkameraccessoires

Frank's Flowers: bloemen en planten

Sissy-Boy Homeland: houten schalen, badartikelen

Voor een aantal projecten hebben we samengewerkt met anderen die we hier graag willen vermelden.

Piet Oudolf: www.oudolf.com

Rachel Lee Hovnanian: www.rachelhovnanian.com

Land Rover Nederland: www.landrover.nl

VIP Men's Fashion: Armani-kleding Piet Boon: www.v-i-p.nl

Ode aan de vloer: gietvloeren, zie o.a. pagina 27, 42 en 193: www.odeaandevloer.nl

Studio Rublek, werd betrokken bij de meeste projecten, zie o.a. pagina 192 t/m 195: www.studiorublek.com

Jan Schouten interior, werd betrokken bij de meeste projecten, o.a. gordijnen, blinds, tapijt en head boards: T +31 (0)344 662 370

Marrigje's Textielkunst maakte in opdracht de vilten kleden en rozen op pagina 20, 40, 125 en 173: T +31 (0)515 572 834

Verder willen we graag al onze medewerkers bedanken. Mede dankzij hun creativiteit en inzet zijn we als bedrijf gegroeid. De eensgezinde manier waarop we binnen het bedrijf als team samenwerken is inspirerend en ervaren wij als heel bijzonder.

Bonaire

HIP Hoopman Interior Projects: flower-pattern fabric and fabric with leaf design T +31 (0)20 345 8447

Baden Baden: bathroom accessories and towels T +31 (0)20 531 8418

Cotton & Silk: orange quilt T +31(0)70 345 1719

Nijhof: coconut candles T +31 (0)35 548 6111

Sissy-Boy Homeland: coral candles T +31 (0)251 361 300

Blaricum

Frank's Flowers: all flowers and plants T +31 (0)20 662 9780

Gucci: bear T +31 (0)20 662 5184

GwendoLino: bedlinen, cushions, duvets T +32 (0)32 184 441

Nijhof: green vase, brown vase, black bath-duck

Baden Baden: bathroom accessories, suede box, springbok tray

Mirjam Franken: white papier-mâché plates T +31 (0)30 273 2845

Cornelis Johannes: pink cushion, pink scarf, chair upholstered in pink fleece T +31 (0)20 616 0184

Prades: cushions, white fur cover, brown fur cover T +31 (0)55 521 8948

Vinkeveen

Koninklijke Tichelaar: stand with fish T +31 (0)515 231 341

Baden Baden: bathroom accessories

Frank's Flowers: all plants and flowers

Aalsmeer

Nijhof: orange garden vase, cushions, big white candlestick

Baden Baden: bathroom accessories, leather box

Frank's Flowers: all plants and flowers

Cotton & Silk: pale pink silk bedspread

Rotterdam

Koninklijke Tichelaar: Makkumer earthenware, silver, cushions

GwendoLino: bedlinen, cushions, duvets

Brechtje Olsthoorn Interiors: hand embroidered tablecloth T +31 (0)72 589 4436

Pol's Potten: golden candles T +31 (0)20 419 3541

Hellen van Berkel: patterned scarves www.hellenvanberkel.nl

Baden Baden: bathroom accessories

Frank's Flowers: flowers and plants

Sissy-Boy Homeland: wooden dishes, bathroom articles

We collaborated with the following on several projects. Others whom we would like to mention here.

Piet Oudolf: www.oudolf.com

Rachel Lee Hovnanian: www.rachelhovnanian.com

Land Rover Nederland: www.landrover.nl

VIP Men's Fashion: Piet Boon's Armani wardrobe: www.v-i-p.nl

Ode aan de vloer: poured floors, see pages 27, 42 and 193, among others: www.odeaandevloer.nl

Studio Rublek, involved in most projects, see pages 192 to 195 among others: www.studiorublek.com

Jan Schouten interior, involved in most projects, including curtains, blinds, carpet and headboards: T +31 (0)344 662 370

Marrigje's Textielkunst was commissioned to make the felt covers and roses on pages 20, 40, 125 and 173: T +31 (0)515 572 834

We would also like to thank all our staff. It is thanks to their creativity and dedication that our company has grown. The harmonious way we work together as a team within the company is inspiring and we experience it as something very special.

Matthijs van Roon & Mandy Pieper

Freelance fotografen Matthijs van Roon en Mandy Pieper – in het dagelijks leven partners – werkten voor dit boek bij hoge uitzondering nauw samen. De discussie met Piet Boon waarbij beide partijen commentaar op elkaars werkwijze niet schuwden heeft de verrassend levendige beelden opgeleverd die het boek bijzonder maken en onderscheidt.
Matthijs werkte eerder o.a. voor Yamaha, Ford, Nissan, Samsung, Nuon en KPN.
Mandy heeft zich vooral gespecialiseerd op het gebied van mode en reclame. Zij maakte vrij werk tijdens reizen naar New York, Tokyo en Cabo Verde en haalde opdrachten binnen van o.a. Canon, Adidas, Jaguar, Het Rode Kruis en modemerk Made-be.

Rianne Landstra

Leven, Inspiratie, Vrijheid en Genieten zijn de belangrijkste inspiratiebronnen voor haar werk. Zij werkt als styliste voor lifestyle bladen in binnen- en buitenland en werkt mee aan boeken. De laatste jaren is ze zeer succesvol met het inrichten en decoreren van huizen en geeft ze stylingadviezen aan bedrijven.
Tot haar opdrachtgevers behoren: Tommy Hilfiger, Vogue Living, Elle Decoration, Home & Garden en De Bijenkorf. Met haar tomeloze energie, inzet en oog voor stijl draagt zij in belangrijke mate bij aan de uitstraling van dit boek.

Joyce Huisman

Werkt al bijna twintig jaar mee aan interieur-, tuin- en culinaire producties voor lifestyle bladen in binnen- en buitenland, uitgevers en reclamebureaus.
Ze schreef behalve het eerste boek, *Piet Boon*, ook een aantal kookboeken waaronder recent *Mario, restaurant in Neck* en heeft rubrieken in MTC en het AD.

Hélène Lesger

Al ruim 15 jaar uitgever van boeken op het gebied van interieur, tuinen en koken. Is altijd op zoek naar de balans tussen kwalitatief hoogstaande en commercieel aantrekkelijke uitgaven. Met haar knowhow, inzet en enthousiasme leverde ze een belangrijke bijdrage aan de totstandkoming van zowel het eerste boek, *Piet Boon*, als aan dit boek.

Gert Jan Slagter

Deze grafisch ontwerper maakte in de afgelopen jaren circa 300 boeken, waaronder het eerste boek over Piet Boon en andere over ontwerpers als Piet Oudolf en Gaetano Pesce. Hij maakt veel kunstboeken voor musea, waaronder Museum Belvédère en het Haags Gemeentemuseum. Daarnaast ontwerpt hij regelmatig affiches voor tentoonstellingen, theater, dans en film en ook ontwerpt hij bedrijfslogo's. Verder werkte hij mee aan ruimtelijke toepassingen van tekst en beeld in musea en andere openbare ruimten.
Zijn gevoel voor esthetiek sluit naadloos aan bij dat van Piet en Karin Boon. In vakkringen wordt ook zijn gevoel en aandacht voor belettering geroemd.

Piet en Karin Boon

Ontwerper Piet Boon en zijn vrouw Karin vormen samen een perfect team. De bijzondere manier waarop ze samenwerken en elkaar aanvullen resulteert in de duidelijk herkenbare Boon-signatuur. Waar Piet zich meestal met 'buiten' bezighoudt, is 'binnen' het terrein van Karin. Hun internationale, sophisticated gevoel voor stijl sluit naadloos op elkaar aan en is vooral te zien in totaalconcepten waar binnen en buiten perfect in balans zijn.
Karin nam samen met Rianne Landstra de styling van dit boek op zich en was onmisbaar bij de coördinatie en fine tuning ervan.

Matthijs van Roon & Mandy Pieper

For this book, the freelance photographers Matthijs van Roon and Mandy Pieper – partners in life too – quite exceptionally worked in close cooperation. Discussions with Piet Boon, in which neither side shrank from commenting on the other's methods, yielded the surprisingly lively pictures that distinguish this book and make it so special.
Matthijs has previously worked for Yamaha, Ford, Nissan, Samsung, Nuon and KPN.
Mandy has specialised above all in fashion and advertising. They have created their own work in the course of travels to New York, Tokyo and the Cape Verde Islands and have won assignments from Canon, Adidas, Jaguar, the Red Cross and the Made-be fashion company.

Rianne Landstra

Life, Inspiration, Freedom and Enjoyment are the major sources of inspiration in her work. She works as a stylist for lifestyle magazines at home and abroad and also works on books. In recent years she has been very successful in furnishing and decorating houses and gives styling advice to businesses.
Her clients include Tommy Hilfiger, Vogue Living, Elle Decoration, Home & Garden, and De Bijenkorf. With her boundless energy, dedication and eye for style she has made a significant contribution to the appeal of this book.

Joyce Huisman

Has for almost twenty years worked on interior, garden and culinary productions for lifestyle magazines at home and abroad, as well as for publishers and advertising agencies.
Apart from writing the first Piet Boon book, she has also written a number of cookery books, most recently *Mario, a restaurant in Neck*, and has columns in MTC and AD.

Hélène Lesger

Has been a publisher of books on the interior, gardens and cooking for more than fifteen years. Is always looking to find the balance between high quality and commercially attractive publications. She has made a major contribution to both this and the first *Piet Boon* book, with her knowhow, dedication and enthusiasm.

Gert Jan Slagter

This graphic designer has over the last years put together about 300 books, including the first *Piet Boon* book and ones on other designers such as Piet Oudolf and Gaetano Pesce. He also creates a great many art books for museums as Museum Belvédère and the Gemeente-museum in The Hague. He regularly designs posters for exhibitions, theatre, dance and film, and also company logos. He has been involved in spatial applications of word and image in museums and other public places.
His aesthetic sense connects seamlessly with that of Piet and Karin Boon. In professional circles his feeling for and attention to lettering are also widely renowned.

Piet and Karin Boon

The designer Piet Boon and his wife Karin make the perfect team. The very special way they work together and complement each other results in the clearly recognisable Boon signature. Whereas Piet mostly concerns himself with the 'outside', the 'inside' is Karin's territory. Their sophisticated international senses of style merge seamlessly together and this can be seen above all in all-round concepts where the inside and outside are in perfect balance.
Karin worked with Rianne Landstra on the styling of this book and was indispensable to its coordination and fine tuning.

COLOFON

Samenstelling | book compiled by
   Karin & Piet Boon
Fotografie | photography
   Matthijs van Roon & Mandy Pieper
Aanvullende fotografie | additional photography
   Margaret Gibbons, p. 103
   Piet Oudolf, p. 16, 34, 154
Styling
   Rianne Landstra
Tekst | text
   Joyce Huisman
Vertaling | translation
   Gregory Ball
Grafische vormgeving | graphic design
   Gert Jan Slagter
Lithografie | lithography
   Scanprofile
Bindwerk | binding
   Jansenbinders
Druk | printing
   Die Keure, België

© 2005 Uitgeverij Terra Lannoo BV

tweede druk, 2006

ISBN 90 5897 467 7
nur 642, 454

Eerder verschenen | published before
Piet Boon
ISBN 90 5897 048 5

PIET BOON®
BOUW, INTERIEUR & VORMGEVING

Piet Boon Oostzaan BV
   Ambacht 6 (Bezoek uitsluitend op afspraak)
   1511 JZ Oostzaan
   T: +31 (0)75 684 3656
   F: +31 (0)75 684 2756
   E: info@pietboon.nl
   www.pietboon.nl
   Winnaar Zaanse Ondernemingsprijs 2005

Piet Boon Zone BV
   Ambacht 6 (verkoop via dealers)
   1511 JZ Oostzaan
   T: +31 (0)75 684 7460
   F: +31 (0)75 684 7450
   E: info@pietboonzone.nl
   www.pietboonzone.nl

Winkel | shop

Baden Baden
   Valkenburgerstraat 201-A
   1011 MJ Amsterdam
   T: +31 (0)20 531 8418
   F: +31 (0)20 626 0721
   E: info@badenbaden.nl
   www.pietboon.nl

TERRA

Uitgeverij Terra Lannoo BV
   Postbus 614
   6800 AP Arnhem
   E: info@terralannoo.nl
   www.terralannoo.nl
   Uitgeverij Terra maakt deel uit van de Lannoo-groep